Jesus - Essener, Guru, Esoteriker ?

Unterscheidung

Christliche Orientierung
im religiösen Pluralismus

Herausgegeben von
Reinhart Hummel und Josef Sudbrack

Reinhart Hummel, Reinkarnation
Josef Sudbrack, Mystik
Wolfram Janzen, Okkultismus
Bernhard Wenisch, Satanismus
Thomas Broch, Pierre Teilhard de Chardin
Siegfried Böhringer, Astrologie
Bruno Heller, Krise des modernen Denkens
Hans Joachim Türk, Postmoderne
Elisabeth Schneider-Böklen/
Dorothea Vorländer, Feminismus und Glaube
Raimar Keintzel, C.G. Jung
Anton Rotzetter, Neue Innerlichkeit
Franco Rest, Waldorfpädagogik
Joachim Finger, Jesus - Essener, Guru, Esoteriker?

Joachim Finger

Jesus - Essener, Guru, Esoteriker ?

Neuen Evangelien und Apokryphen auf den
Buchstaben gefühlt

Matthias-Grünewald-Verlag · Mainz
Quell Verlag · Stuttgart

Zur Reihe „Unterscheidung"

Wo christlicher Glaube lebt, lebt auch der Mut zum Unterscheiden. Die Autoren und Autorinnen dieser Reihe möchten in verständlicher Sprache eine begründete und sachgerechte Darstellung der verschiedenen Phänomene im Umkreis des New Age und der neuen religiösen Bewegungen geben und Hilfen zur „Unterscheidung der Geister" anbieten. Diese Auseinandersetzung soll in der Achtung vor fremder Religiosität geschehen und in der Bereitschaft, zu lernen und sich selbst zu korrigieren.

Die Herausgeber Reinhart Hummel und Josef Sudbrack sind Mitglieder der beiden großen christlichen Konfessionen. Um zu unterstreichen, daß die christlichen Kirchen dieser Herausforderung nur zusammen begegnen können, erscheint diese Reihe gemeinsam im Matthias-Grünewald-Verlag, Mainz, und im Quell-Verlag, Stuttgart.

2. Auflage 1994

© 1993 Matthias-Grünewald-Verlag, Mainz
© 1993 Quell Verlag Stuttgart

Umschlag: Peter Offenberg Grafik
Gesamtherstellung: Georg Aug. Walter's Druckerei GmbH,
65343 Eltville am Rhein

ISBN 3-7867-1674-9 (Grünewald)
ISBN 3-7918-2282-9 (Quell-Verl.)

Inhalt

Vorwort

Was wäre, wenn Jesus ganz anders gewesen wäre, als die Kirchen ihn uns beschreiben? Was, wenn plötzlich herauskäme, daß wesentliche Teile seiner Lehren über Jahrhunderte hinweg verborgen geblieben, ja unterdrückt worden wären? Wenn der eigentliche Jesus eine höchst geheime „Verschlußsache" des institutionalisierten Christentums und seiner Machtträger geblieben wäre?

Es ist schon eine Reihe von Jahren her, daß ich auf einer Reise nach Indien im Gespäch mit jungen Menschen auf der Suche nach einem Guru, nach Erfahrungen, nach einem „Trip", erstmals mit solchen Ideen in Kontakt kam. Sie erschienen mir erregend und faszinierend. Theologische Überlegungen sagten mir damals wenig, von Esoterik wußte ich praktisch nichts. Der Name Jesus Christus war vorwiegend mit Vorstellungen eher verstaubter Religiosität verbunden - da tat sich scheinbar dieses spannende Feld neuer Gesichtspunkte und Erfahrungsmöglichkeiten auf.

Vorstellungen von geheimen Absprachen und Unterdrückung der Wahrheit im politischen Bereich ließen entsprechende Vorgänge im Bereich der Kirchen als zumindest nicht unwahrscheinlich dastehen. Überlieferungen von Ketzerprozessen und Hexenverbrennungen wirken als zusätzliches Indiz für die Richtigkeit der Geschichten, die mir in den nächsten Jahren vermehrt ins Auge stachen: Berichte und Erzählungen über verschwundene Manuskripte, Unterdrückung der Lehren des frühen Christentums über die Reinkarnation, ein Jesusgrab in Kashmir und damit das eventuelle Überleben der Kreuzigung.

Mit der zunehmenden Erfahrung in der Auseinandersetzung mit anderen religiösen Vorstellungen und Gruppen gewann jedoch das Neue Testament an Aktualität. Und unweigerlich ergab sich die Frage nach Wahrheitskriterien. Nachdem die Spannung bei der Lektüre zuerst überwogen hatte, ergaben sich jetzt - auf den zweiten Blick - kritische Fragen. Was waren das zum Beispiel für Dokumente, die eine Blutslinie der Nachfahren Jesu in europäischen Adelshäusern belegen sollten - Dokumente, die plötzlich auftauchten, und dann doch nirgends mehr vorhanden waren?[1] Zudem erschienen manche Zusammenhänge und Familienbande doch recht verwinkelt konstruiert.

Und wenn Jesus das Kreuz überlebt hätte - was für einen Zweck hätte dann die gesamte Passion, die doch den Evangelien so wichtig ist? Von den Forschungen um das Turiner Grabtuch las ich mit großem Interesse. Aber warum war es denn eigentlich aufbewahrt worden - als Beweis für Leben oder für Tod? Zunehmend ergaben sich auch Fragen bezüglich der Quellen der verschiedenen „Enthüllungen". Wenn sie so alt und aufsehenerregend waren - warum wurden sie dann nicht wenigstens von Sprachwissenschaftlern oder Historikern geprüft? Wie konnten so wertvolle (?) Dokumente jeweils nach der Übersetzung (?) einfach wieder verschwinden? Während des Theologiestudiums gewann ich mehr und mehr Informationen, die mir eigenständige Überlegungen bezüglich der Gewichtung der verschiedenen Versionen des Lebens und Sterbens Jesu ermöglichten. Nachdem mir inzwischen auch die These von „Jesus dem Essener" geläufig war, lernte ich beispielsweise auch den Inhalt der Schriften von Qumran kennen. Und da schienen mir doch einige Dinge nicht zu der These von der „geheimen Verschlußsache" zu passen. Lehrte die Essener Sektenregel nicht wesentlich anderes als Jesus? Es ist einfach, allen Fragen nach Belegen oder nach der Unterstützung durch Bibelwissenschaftler mit dem Hinweis auf die Verschwörung des Vatikan zu begegnen. Aber ist es nicht *zu* einfach?

Mein definitives Interesse für eine intensivere Auseinandersetzung mit dem herausfordernden „Geheimwissen" über Jesus wurde durch einen Artikel von Bernhard Ferrazzini[2] geweckt. Der Autor zeigt dort in grafischer Darstellung den überraschend ähnlichen Handlungsverlauf mehrerer sogenannter neuer Evangelien und setzt sich kritisch mit einigen Bestandteilen der darin vertretenen Jesusbiographien auseinander. Es brauchte nur kurze Aufenthalte

---

[1] Henry Lincoln/Michael Baigent/Richard Leigh, Der Heilige Gral und seine Erben - Ursprung und Gegenwart eines geheimen Ordens, Bergisch Gladbach: Gustav Lübbe Verlag, 3. Aufl. 1984.

[2] Bernhard Ferrazzini, Jesusbilder moderner Apokryphen, Der Evangelische Erzieher 39/1987: 50-62.

in einigen esoterischen Buchhandlungen und einen Blick in den Bibliothekskatalog, um der wesentlichsten der „modernen Apokryphen", wie Ferrazzini sie nennt, habhaft zu werden.

Und es war nun gerade die aufmerksame Lektüre der Originaltexte, welche den verschiedenen Enthüllungen über die „wahre" Lebensgeschichte Jesu zugrundeliegen, die so manches ungläubiges Kopfschütteln auslöste. Es gibt da wirklich ganz besondere Stilrichtungen und bemerkenswerte Geschichten über die Bewahrung und Entdeckung der Texte. Ich kann die Faszination der Vorstellungen und biographischen Elemente immer noch gut verstehen. Und ich glaube, sie sagen eine Menge darüber aus, daß die Kirchen neu lernen müssen, ihren Jesus allgemein verständlich und zugänglich darzustellen. Aber je länger desto deutlicher stellt sich für mich die Frage, ob die einfachen und biographisch so lückenhaften neutestamentlichen Evangelien nicht an Wahrheitsgehalt alle neuen Evangelien und Apokryphen überragen.

Dies zu prüfen, Schritt für Schritt, Neuapokryphon um Neuapokryphon, Element für Element neuer biographischer Informationen über Jesus, ist die Absicht dieses Buches.

Schaffhausen, Dezember 1992   Joachim Finger

I. Was sind „neue Evangelien"?

1. Ein Thema – nur am Rande der Theologie ?

Als die „Gegenkultur" der sechziger Jahre ihren Höhepunkt erreicht und schon fast überschritten hatte, als neue religiöse Bewegungen (Jugendreligionen, -sekten) sich aber erst richtig zu entfalten begannen, wandte sich das Interesse religiös suchender Menschen auch einer Reihe von Schriften zu, die zumeist um die Jahrhundertwende (vereinzelt auch schon früher) erstmals aufgelegt worden waren. In moderner Gestaltung, an Zahl durch einige neu entstandene Werke ergänzt, erlebten sie seither mehrere Auflagen. Das gemeinsame Thema dieser Schriften: Jesus(, der) Christus.
Jesus Christus aber, wie ihn das Neue Testament „verschweigt". Der viel mehr lehrte, als die Kirche lebt. Der ganz anders war - und *so* erst richtig verständlich wird. Der in den Jahren, über die das Neue Testament nichts berichtet, vieles erlebte und lernte, was erst heute wieder entdeckt und begriffen wird. Jesus Christus, wie er sich im neuen Zeitalter, im „New Age" offenbart:

> *„Niemand wird die Freiheit knebeln, niemand mehr den Geist umnebeln, Mystik wird uns Einsicht schenken und der Mensch lernt wieder denken - dank dem Wassermann"*

heißt es im „Wassermann-Hymnus" aus dem Musical „Hair". Das im vergangenen Fische-Zeitalter verborgene Wissen wird im gegenwärtig beginnenden Zeitalter des Wassermannes (wieder) enthüllt.:

> *„Nach einer Zeit des Zerfalls kommt die Wendezeit. Das starke Licht, das zuvor vertrieben war, tritt wieder ein. Es gibt Bewegung ... Die Wiederkehr ist im Naturlauf begründet."*[3]

Wenn nun dem Vernehmen nach verborgenes oder vergessenes Wissen über Jesus auftaucht, wenn alternative Jesus-Darstellungen

---

[3] Mit diesem Zitat aus dem „I Ging" (Kommentar zum Zeichen Nr. 24) leitet Fritjof Capra sein Buch „Wendezeit - Bausteine für ein neues Zeitalter" (München: Scherz, 11. Aufl. 1986) ein.

und neue „Evangelien" Verbreitung finden, so ist dies gleichzeitig Zeichen und Folge der geistigen Entwicklungen dieses Zeitalters. Das heißt, die neuen „Evangelien" legitimieren sich selbst. Ihr Erscheinen zum jetzigen Zeitpunkt ist an sich Beweis genug für ihre Wahrheit - ungeachtet der im jeweiligen Fall vorgebrachten Echtheitsbeweise für die einzelnen Botschaften. Dieser doppelte Anspruch auf Autorität geht naturgemäß mit einer Abwertung der neutestamentlichen Evangelien einher - zum Teil sogar mit massiver Kritik an deren Inhalt und vor allem an deren Überlieferung. Damit werden die Kirchen direkt angesprochen, die ihre Lehre und Praxis auf ebendiese vier Evangelien stützen. Der Autoritätsanspruch der neuen „Evangelien" oder „Neuapokryphen" läßt auch sie als reformbedürftig, ja überholt dastehen.

Kann also das Christentum im neuen Zeitalter nur überleben, wenn es Jesus als Essener (an-)erkennt? Wenn es annimmt, das Jesus die Reinkarnation lehrte und Vegetarier war? Wenn es endlich einsieht, daß Jesus ein eingeweihter Esoteriker war und die Sache mit der Kreuzigung eigentlich ganz anders verlaufen ist, als die kirchlichen Traditionen es bisher darstellten? Solche herausfordernde Fragen wurden auch schon von der Presse aufgenommen und sie tauchen in verschiedenen neueren Büchern über Jesus wiederholt auf. Und oft genug fließen im Zuge der Suche nach neuen Zugängen zu Jesus Vorstellungen aus Neuapokryphen wie beiläufig in die Diskussion ein.[4] All dies ist schon Grund genug, sich mit diesen Schriften und ihren Ansprüchen auseinanderzusetzen.

Aus christlich-theologischer Sicht sind viele Aussagen zudem recht problematisch - bringt das „wahre" Wissen auch die wahrhaftige Befreiung? Einerseits geht es dabei um die Prüfung der Echtheit dieser Schriften. Denn sie berufen sich ja darauf, ältere und bessere Quellen für das Wissen um das Leben und die Lehre Jesu zu sein. Andererseits müssen wir doch auch fragen, ob das „wahre", „vollständigere" Wissen die Menschen dann auch der Erlösung näher bringt.

Die Inhalte der Neu-„Apokryphen" sind dabei genausowenig einheitlich abgefaßt wie diejenigen der alten Apokryphen - eher noch

---

[4] So ist z.B. Franz Alt („Jesus - der erste neue Mann") die Vorstellung durchaus geläufig, daß Jesus das Kreuz überlebte.

weniger. Und doch tauchen auch in ihnen gemeinsame, alte Motive auf, die in der Kirchengeschichte längst bewältigt wurden. Dachte man. - Zeigt sich hier nicht auch wieder eine Facette jenes religiösen Untergrundstromes, der das Christentum während seiner ganzen Geschichte begleitete, hie und da in Form von „Ketzerbewegungen" ans Tageslicht sprudelte und gerade heute seine Lebendigkeit unverhüllter denn je zeigt? Je mehr sich seine Wasser mit denen der kirchlichen Traditionsströme zu vermischen beginnen, desto notwendiger sind Anstrengungen zur Unterscheidung.

Denn „New Age" in der Kirche bedeutet nicht mehr nur „Paradigmenwechsel" (Hans Küng), neue Innerlichkeit, interkulturelle Theologie und Wiedererwachen von Spiritualität und Erfahrung. Längst sind esoterische Angebote in kirchliche Bildungshäuser und Studienzentren eingezogen. Selbst mancher Geistliche sieht sein Christentum durch indische Gurus oder esoterische Deutungen erst wahrhaft Wirklichkeit werden. Und viele Christen erkennen keinen Zwiespalt zwischen christlicher Lehre und Reinkarnation, Spiritismus, Guru-Verehrung, Einweihungswegen. Die Akzeptanz der Vorstellung eines Jesus, dem alle diese Dinge vertraut waren, steigt ständig.

Nun ist die Wahrnehmung der Existenz abweichender Ansichten über Jesus an sich angesichts der Intensivierung der Begegnung der Religionen in den letzten 100 Jahren nichts Erstaunliches. Hinzu kommt, daß die Kirchen keine Sanktionsmöglichkeiten mehr haben. Jesus ist kein Alleinbesitz der Christenheit mehr und es steht im Prinzip jedem frei, sich nach ergänzenden oder ihm eher zusagenden Informationen über die zentrale Gestalt des Christentums umzusehen.

Von der offiziellen Theologie wird diese Tendenz kaum beachtet, vom Publikum umso mehr.[5] Es scheint mir jedoch, daß man diese „anderen" Jesusbilder deswegen nicht einfach als Zeiterscheinung und Mißverständnisse Außenstehender auf die Seite legen darf. Insbesondere gilt dies für sogenannte „Neuapokryphen" und Neuoffenbarungen, die ja im Gegensatz zu anderen Religionen den Anspruch erheben, aus dem Christentum heraus nun dem „wahren"

---

[5] Siehe den Erfolg der „Verschlußsache Jesus: Die Qumranrollen und die Wahrheit über das frühe Christentum"; von M. Baigent und R. Leigh, München 1991.

Christentum zur Geltung zu verhelfen. Angesichts der weltanschaulichen Unsicherheit der heutigen Zeit und der möglichen Anknüpfungspunkte solcher Anschauungen *innerhalb* der Theologie (Stichworte: Trennung von Christus und (westlichem) Christentum, neue Fragen zur Göttlichkeit Jesu, universeller Christus gegenüber historischem Jesus) erscheint eine Analyse der Herkunft und Echtheit solcher Jesusbilder nicht nur als interessant, sondern als dringend notwendig.

In esoterischen Buchhandlungen sind Neuapokryphen heute meist in breiter Auswahl vorhanden. So kommt es, daß, während die frühchristlichen Apokryphen nur von wenigen Interessenten gelesen werden und die gnostischen Apokryphen schon in der Antike einem kleinen Kreis von Eingeweihten vorbehalten waren, die Neuapokryphen einerseits als Bücher zum Teil in hohen Auflagen erscheinen, andererseits aber durch Zitate und Verarbeitung ihres Inhaltes in weiteren Schriften noch breitere Wirkung entfalten. Dabei handelt es sich nicht nur um esoterische Werke. Manchmal werden Neuapokryphen - wohl in Unkenntnis der Sachlage - auch in kirchlichen Publikationen erwähnt, welche neue Ansätze zu christlicher Aufbauarbeit und geistlicher Praxis vermitteln wollen![6]

2. Unterscheiden zwischen „alt" und „neu"

Wenn wir von alternativen Jesusbildern in Form von „Neuapokryphen" sprechen wollen, müssen wir uns notwendigerweise auch kurz mit den alten Apokryphen befassen. Denn die Neuen beanspruchen ja, alt zu sein und mindestens gleichwertige, wenn nicht der Erlösung förderlichere oder sonstwie genauere Inhalte aufzuweisen. Wegen der verschiedenen Begriffe, die in Gebrauch sind, gibt es oft genug aber schon bei den Bezeichnungen Verwirrung.

In der Frühzeit des Christentums, als die Briefe der Apostel und die Evangelien in den Gemeinden weitergereicht und handschriftlich kopiert wurden, tauchte so manche Schrift auf, die zwar vorgab,

---

[6] Z.B. erwähnt Pfr. Arnold Bittlinger das „Friedensevangelium der Essener" ohne jeden kritischen Unterton („Das Vaterunser. Erlebt im Licht von Tiefenpsychologie und Chakrenmeditation", München: Kösel 1990).

von einem Apostel zu stammen oder autorisiert zu sein, deren Inhalt aber von der apostolischen Überlieferung und evangelischen Botschaft abwich. Deshalb hatte bereits die frühe Kirche es für notwendig befunden, zwischen echten und unechten (apokryphen, verborgenen[7]) Schriften zu unterscheiden. Man stellte eine Liste der unter Mitwirkung des Heiligen Geistes verfaßten (d.h. inhaltlich der Überlieferung der Apostel entsprechenden) Schriften auf, den Kanon (= Richtschnur). Diese Schriften bildeten dann das Neue Testament.

Dies geschah nach jüdischem Vorbild: Einige Jahrzehnte nach der Zerstörung Jerusalems, um 100 n. Chr., hatten die Rabbinen ein abschließendes Verzeichnis (einen Kanon) derjenigen Bücher erarbeitet, welche gemäß ihrem Befund zur Heiligen Schrift gehörten. Diese Sammlung bildet die jüdische Bibel, den Grundstock unseres Alten Testamentes.

In der schon zu jener Zeit weit verbreiteten Zusammenstellung von alttestamentlichen Schriften, die ins Griechische übersetzt worden waren (der sogenannten Septuaginta[8]), sind aber einige Bücher mehr enthalten als in der Liste der Rabbinen. Diese zusätzlichen Schriften nennt die katholische Tradition „*deuterokanonisch*" (d.h. zum 2. Kanon gehörig) oder „*Spätschriften* des Alten Testamentes" und fügt sie in die Bibel ein (man vergleiche z.B. eine Bibel nach der sog. Einheitsübersetzung). Martin Luther nannte dieselben *Apokryphen*[9] und betrachtete sie als Anhang zur Bibel, „der Heiligen Schrift nicht gleichgeachtet und doch nützlich und gut zu lesen".

Neutestamentliche Apokryphen nennen katholische und evangelische Tradition dann übereinstimmend all jene antiken Schriften aus dem Umkreis des Christentums, die nicht in den frühchristlichen

---

[7] „Apokryph" (= verborgen) hießen diese Schriften, weil sie vom öffentlichen Gebrauch in den Gemeinden ausgeschlossen waren.

[8] So bezeichnet, weil der Legende nach 72 Männer (lat. septuaginta = 70) gleichzeitig diese Übersetzung erarbeitet haben.

[9] Nach katholischem Verständnis sind hingegen alttestamentliche Apokryphen jüdische Schriften aus der gleichen Zeit wie die Deuterokanonen, die zwar mittels falscher Überschriften kanonische Geltung anstreben, aber *weder* in die griechische Übersetzung des Alten Testamentes *noch* in die Liste der Rabbinen aufgenommen wurden.

14

Kanon integriert und auch nicht als Anhang in eine Bibelausgabe aufgenommen wurden. Von diesen interessieren uns hier besonders die Evangelien. Viele von ihnen repräsentieren Überlieferungen einzelner Gemeinden oder Gruppen mit Legenden, biographischen und theologischen Ergänzungen zu den anerkannten Schriften. Die Volksfrömmigkeit erfreute sich an Geschichten über die Kindheit und Jugend Jesu, sie erbaute sich an Ostererzählungen oder an einem Briefwechsel zwischen Jesus und König Abgar von Edessa.

Das heißt, die frühe Kirche erkannte, das diese Apokryphen zwar nicht von den Aposteln geschrieben waren, deren Namen sie trugen (Petrus-, Judas-Evangelium, Evangelium des Jakobus ...), bzw., daß sie den Stil der Evangelien höchstens nachzuahmen vermochten. Sie wurden aber nicht verboten oder zu eigentlichen Fälschungen erklärt, da sie zur erbaulichen Lektüre dienten.

Anders die Evangelien gnostischer Ausrichtung (Evangelium der Wahrheit, Thomas-, Philippus-Evangelium ...). Diese bedienten sich christlicher Stoffe und der Gestalt Jesu Christi zur Darstellung eines religiösen Weges, der sich letztlich nicht mit dem Leben des Jesus der kanonischen Evangelien in Einklang bringen ließ. Der Gnostizismus lehnt die biblische Schöpfungslehre ab, nach der die Welt von einem wohlwollenden Gott geschaffen wurde - für den Menschen, und der Mensch für die Welt. Gnostiker sehen im Schöpfergott einen unwissenden „Demiurgen", der eine finstere Welt schuf, in welcher der Mensch sich verfangen hat. Letzterer besitzt aber auch einen Funken jenes Geistes, der von einem fernen, geistigen Vater, vom göttlichen Urgrund ausgeht. Sein Ziel muß es sein, dem Gefängnis der Schöpfung zu entfliehen. Jesus Christus hat die Aufgabe, den Anstoß zur Entdeckung des göttlichen Funkens und damit des gnostischen Weges zu geben. Diese Apokryphen wurden von den Kirchenvätern als Irrlehren verdammt und heftig bekämpft, da sie die Erlösungstat Jesu am Kreuz und somit den göttlichen Gnadenzuspruch verneinen. Eine reiche Auswahl solcher gnostischer Apokryphen wurde erst in unserem Jahrhundert entdeckt. Zusammen mit anderen Schriftfunden haben diese Texte ein neues Licht auf die Vielfalt der Anschauungen über Jesus zur Zeit des frühen Christentums geworfen.

Die sogenannten Neuapokryphen sehen nun auf den ersten Blick wie weitere Elemente dieser Vielfalt aus. Doch sind einerseits praktisch alle erst während etwa der letzten 150 Jahre aufgetaucht, während die Apokryphen schon in der Antike, allenfalls noch im Frühmittelalter[10] bekannt wurden. Ein gewichtiger Unterschied liegt andererseits aber auch darin, daß wir von keinem Neuapokryphon ein Manuskript besitzen, welches die Überprüfung von Originalsprache und Alter des Textes zuließe. Dies ist auch der Grund, warum sie keine Aufnahme in den wissenschaftlichen Ausgaben und Sammelwerken von Apokryphen finden.[11]

Um alle ranken sich zum Teil erstaunliche Geschichten ihrer Entdeckung, die sich jedoch zum Teil nicht prüfen lassen, zum Teil nicht den Tatsachen entsprechen. Und manche zeigen auch inhaltlich Eigenheiten, welche darauf hinweisen, daß zumindest die entsprechenden Textabschnitte vermutlich in weit jüngerer Zeit als die antiken Apokryphen entstanden sind. Die in den nächsten Kapiteln folgende Besprechung der einzelnen Schriften soll nun zeigen, daß sich die Unterscheidung zwischen neuen und antiken Apokryphen tatsächlich lohnt und gerechtfertigt ist.

---

[10] Z.B. der „Brief vom Himmel" aus dem 6. Jh. - wobei dieser nicht der einzige ist, denn solche „Himmelsbriefe" tauchten an verschiedenen Orten in Europa und Asien auf; sie existieren in rund 20 euopäischen und orientalischen Sprachen.

[11] Vgl. z.B. die Ausgabe von Edgar Hennecke, „Neutestamentliche Apokryphen in deutscher Übersetzung". Neu bearbeitet und herausgeg. von Wilhelm Schneemelcher. Tübingen 5. Aufl. 1987; Elaine Pagels, „Versuchung durch Erkenntnis - die gnostischen Evangelien", Frankfurt/Main 1981; „Apokryphe Evangelien aus Nag Hammadi", Andechs: Dingfelder Verlag 1988; „Die andere Bibel", editiert und neu bearbeitet von Alfred Pfabigan, Frankfurt/Main: Eichborn 1991.

Exkurs I: Sonderüberlieferungen, Fälschungen und Entdeckungen

Im Zusammenhang mit der Überlieferung von Schriften, die ausserhalb des biblischen Kanons stehen, taucht immer wieder eine Frage auf: Wenn sogar die wissenschaftliche Bibelforschung annimmt, daß einige Briefe des Apostels Paulus nicht von ihm verfaßt worden sind, daß die Petrusbriefe nicht von Petrus' Hand stammen - wie will man da Fälschungen außerhalb des Kanons verurteilen?

Außerdem - wenn schon damals plötzlich besondere Schriften empfangen bzw. entdeckt wurden, die das Leben und die Lehre Jesu erhellen sollten, warum sollte das heutzutage nicht möglich sein?

Hier muß ich zunächst einmal festhalten, daß eine „Fälschung" in der Antike nicht ohne weiteres einer Fälschung von heute gleichgestellt werden darf.[12] Denn die Menschen hatten eine andere Vorstellung von geistigem Eigentum. Es galt als durchaus legitim, eine Schrift unter dem Namen einer berühmten Person zu veröffentlichen. So sind die Bücher Mose oder Samuel in der Bibel zwar *in deren Namen*, aber nicht *von* diesen geschrieben. Nicht das ganze Jesaja-Buch stammt von Jesaja selbst. Und wenn jemand in einem Brief Petrus als Absender angab, hieß das gewissermaßen: So hätte sich Petrus zum vorliegenden Thema geäußert. Maßgeblich für die Anerkennung einer solchen Schrift war also weniger der Autor als der Inhalt. Nicht die tatsächliche oder vorgeschobene Verfasserschaft eines Apostels, sondern die Apostolozität, d.h. die Übereinstimmung mit der Überlieferung der Jünger Jesu war das Kriterium der Echtheit einer Schrift. Ganze Schulrichtungen gaben ihre Texte unter dem Namen ihrer großen Meister heraus und besonders wichtige Werke, in denen es um religiöse oder metaphysische Dinge ging, pflegte man mit einer Entstehungsgeschichte zu versehen. Die Absicht war gerade im christlichen Bereich nicht, eine Sonderüberlieferung zu rechtfertigen, sondern die Tradition zu unterstüt-

---

[12] W. Speyer, Fälschung, in: Reallexikon für Antike und Christentum Bd.VII:236-77 (Stuttgart: Hiersemann 1969).

zen. Christliche „Fälscher" rechneten bei rechter Absicht sogar mit der Hilfe des Heiligen Geistes! Und dessen Wirkung bildete letztlich die Entscheidungsgrundlage dafür, ob ein Text Aufnahme in den Kanon fand oder nicht. Schriften, bei denen man im Laufe der Zeit zur Überzeugung gelangte, daß sie zur Vertiefung des Glaubens und der Beziehung des Menschen zu Gott beitrugen, sah man als fruchtbar (im Sinne von Mt 7,16) an. Andere Manuskripte erwiesen sich als weniger förderlich oder gar hinderlich für die von Jesus gelehrte Vertrauensbeziehung zu Gott - sie wurden als nur erbaulich beurteilt oder als gefährlich tendenziös verworfen.

Die antiken Verfasser von „falschen" Apostelbriefen und Evangelien wandten bei ihrer - je nach Standpunkt - verdienstvollen oder schädlichen Tätigkeit Methoden an, die denen heutiger Fälscher (in Malerei, Literatur und „Geheimwissenschaften") vergleichbar sind: Wunderbare Endeckungen und Hinweise im Traum, geheime Überlieferungen, verborgene Archive wurden und werden als Fundorte angegeben. Manuskripte wurden sprachlich angepasst und mit Patina versehen. Einige Fälschungen beruhten sogar Dokumenten, die ebenfalls gefälscht waren![13]

Manche dieser Texte wurden und werden als schädlich eingestuft. Es gibt aber auch schon aus antiker Zeit Berichte von Entdeckungen, welche für die Vertiefung des Wissens um die eigene geistige Tradition von großer Bedeutung waren. Eine der ältesten Überlieferungen erzählt von der (Wieder-)Entdeckung der israelitischen Gesetzessammlung (2Kön 22). Funde aus unserer Zeit, welche unsere Erkenntnisse über das Alte Testament und das frühe Christentum bereichert haben, sind etwa die berühmten Rollen von Qumran (1947), welche nicht nur Handschriften alttestamentlicher Bücher enthielten, sondern auch Gedanken, Kommentare und Lebensregeln einer Gemeinschaft aus den beiden Jahrhunderten *vor* der Entstehung des Christentums. Sie haben uns gezeigt, daß das jüdische Geistesleben jener Zeit weit vielfältiger war, als bisher ange-

---

[13] W. Speyer, (a.a.O.) nennt für die Antike z.B. die auf den falschen Acta Silvestri aufbauende falsche „Konstantinische Schenkung"; diese begründete den Anspruch des mittelalterlichen Papsttums auf einen eigenen Kirchenstaat; vermutlich ist auch der Clemensbrief nicht echt, in welchem das Fragment des ebenfalls vermutlich falschen „geheimen Evangelium des Markus" zititiert wird (siehe S. 104).

nommen wurde. Entgegen anderslautenden Behauptungen sind die großen Textstücke alle auf die Zeit vor Christus zu datieren.[14] Die Entdeckung zweier winziger Fragmente, welche möglicherweise zum Markusevangelium und zu einem der Timotheusbriefe gehören, bedeutet nichts weiter, als daß eventuell später Menschen aus dieser Gemeinschaft Christen geworden sind.[15]

Die 1945 entdeckte Schriftensammlung von Nag Hammadi in Oberägypten enthielt eine ganze Reihe von „alternativen" Evangelien. Sie zeigen ein Jesusbild, das dem hellenistisch-philosophischen Erkenntnisstreben entgegenkam (vgl. S. 15), nicht aber die Nähe Gottes im Leiden und im Alltag zu vermitteln vermochte. Sie vermitteln ein Bild vom Ringen der frühen Christen um das richtige Verständnis der Bedeutung Jesu und werfen auf manche neutestamentliche Textstellen ein neues Licht. Weitere wichtige Belege für die Geschichte des frühen Christentums und des Neuen Testamentes wurden in Massada (1963-65) am Toten Meer sowie im Kloster St. Katharina am Berg Sinai (1975) gefunden.

Natürlich konnten die Kirchenväter trotz ihres - vielleicht manchmal überbordenden - Eifers für eine nach ihrem Verständnis allein richtige Überlieferung nicht alle Sondertraditionen zum Schweigen bringen. Manche der „alternativen" Schriften sind vermutlich insgeheim noch lange weitergegeben worden. Wesentliche Züge ihrer Inhalte finden sich in der Religion Manis (ca. 215-275) wieder, dem Manichäismus. Diese Religion war einst vom Mittelmeerraum bis Mittelasien verbreitet. Einflüsse ihrer Anschauungen finden sich noch im 12. Jahrhundert bei den Katharern. Mohammed kam wahrscheinlich durch koptisch-gnostische Evangelien zu seinen Vorstellungen von der Person und dem Wirken Jesu. Elemente der manichäischen, gnostischen und islamischen Jesusversion wurden in kleinen Kreisen bis in die heutige Zeit weitergereicht.

---

[14] „Biblical Archeologist" 54(1991), S. 172.

[15] So Prof. Shemaryahu Talman, Hebräische Universität Jerusalem, in der Sendung „Im Gespräch: Jesus und Qumran - keine Verschlußsache." Bayern 3, 11.3.92.

II. Aussagen neuer Evangelien

1. „ *A und* Ω – *Das Evangelium Jesu nach Gabriele Wittek*"[16]

Seit 1975 empfängt Gabriele Wittek „Offenbarungen", in denen sich nach ihren Aussagen zunächst der „Geistlehrer Bruder Emmanuel" und dann auch Jesus Christus zu Wort meldeten. Aus diesen Kundgaben und dem Kreis von Gläubigen, der sich um sie sammelte, erwuchs das „Heimholungswerk Jesu Christi", welches seit 1984 „Universelles Leben" genannt wird.

G. Wittek ist 1933 in Augsburg geboren und katholisch aufgewachsen. Der Beruf ihres Mannes bedingte einen Umzug nach Würzburg - in ein isoliertes, bedrücktes Leben in einer Neubausiedlung. Umso mehr vermißte sie ihre Mutter, als diese 1970 starb. Die intensive Beschäftigung mit Fragen des Weiterlebens im Jenseits führte sie in spiritistische Kreise, wo sie dann nicht nur dem Geist ihrer Mutter, sondern auch demjenigen Jesu Christi begegnete. 1974 begann sie zu ahnen, daß sie zu etwas Besonderem berufen sei.

Die medial empfangenen Worte werden seit 1977 gedruckt. Sie gelten als unfehlbar und von keinem weltlichen Einfluß verunreinigt. Manche der Kundgaben wurden thematisch geordnet und zu Büchern zusammengefaßt. So auch die Worte von Jesus, welche ihr befahlen, ein Buch zur Hand zu nehmen, damit er dieses ergänzen und kommentieren könne. Daraus entstand ein neues Evangelium - das jüngste, welches zur Zeit erhältlich ist.

Als das erwähnte „Buch" wird ein „Evangelium Jesu" bezeichnet, welches allerdings nicht von Christus inspiriert, sondern von seinen Aposteln festgehalten und weitergegeben worden sei. Demzufolge sei es nicht das unmittelbare Wort Gottes, sondern das Werk der Apostel, der Überlieferer und Übersetzer. „Christus" habe aber befunden, daß es von allen existierenden Evangelien der Wahrheit

---

[16] „A und Ω — Das Evangelium Jesu. Die Christus-Offenbarung, welche die Welt nicht kennt"; Bd.I, 2. Aufl. 1990, Bd II 1990, Bd.III 1991, Universelles Leben e.V., Würzburg.

immer noch am nächsten komme. Im vorliegenden „Evangelium" wird das „Evangelium Jesu" abschnittweise zitiert und von „Ihm selbst" ergänzt und ausgelegt.

Dabei werden allerdings sowohl die zitierten Passagen als auch die Aussagen des Neuen Testamentes zum Teil geradezu ins Gegenteil verkehrt. Gott wird aus dem Weltgeschehen herausgenommen. Zukünftige Ereignisse gibt er nicht durch Träume kund, sondern führt die Menschen nur mittelbar. Er greift auch nicht in das „kosmische Gesetz von Ursache und Wirkung" ein. Er straft niemanden direkt und heilt nur, wenn es mit diesem Gesetz in Einklang steht.

> *„10. Und Er ergriff das Mädchen bei der Hand und sprach zu ihr: ‚Talitha Kumi!' Das heißt so viel wie: ‚Mädchen, Ich sage dir, stehe auf!'*
> *11. Und alsbald erhob sich das Mädchen und ging umher ...*

Ich, Christus, erkläre, berichtige
und vertiefe das Wort:

... Solange das Silberband - auch Informationsband genannt -, das Seele und Körper verbindet, noch nicht vom Leibe getrennt ist, besteht noch der geistige Kreislauf und fließen noch Lebensenergien vom unbelastbaren Wesenskern, Gott, in die Seele ... Das sah Ich bei dem Mädchen und sprach zuerst still mit der Kraft Meines Vaters in Mir, dem innewohnenden Ich Bin. Dann stellte Ich eine geistige Verbindung zur Seele des Kindes her und ließ über sie dem Silberband vermehrt kosmische Kräfte zufließen ... in die Gehiernzellen und in den Organismus ... Auf diese Weise holte Ich alle zurück in das Fleisch, deren Zeit im Erdenkleid noch nicht abgelaufen war. Sie wären nur wegen äußerer Umstände ... früher, als ... nach den kosmischen Gesetzen vorgegeben war, aus dem Körper getrieben ... jeder Seele [ist] im Erdenkleid ein bestimmter irdischer Lebenszyklus vorgegeben. Dieser enthält die Möglichkeit eines früheren und eines späteren Todes des Erdenkleides. Der irdische Tod kann auch innerhalb dieser Zeitspanne erfolgen. In dieser Zeitspanne konnte Ich als Jesus von Nazareth mit der Kraft des Geistes die Seelen wieder in ihr Erdendasein zurückrufen." (A und Ω, Bd. 1, S. 207-209)

Christus wendet sich in dieser Schrift scharf gegen die Wasser-
taufe, die er insbesondere bei Kindern als erzwungenen Kirchen-
beitritt verurteilt.

> „Einige sogenannte christliche Konfessionen zwingen ihre
> Gläubigen zur Wassertaufe. Schon die Kleinkinder, deren
> freier Wille noch nicht entwickelt ist und die deshalb auch
> noch nicht selbst entscheiden können, werden durch die Was-
> sertaufe in die Mitgliedschaft einer Kirche gezwungen und
> damit zur Teilnahme an ihren übrigen Ritualen veranlaßt." (A
> und Ω, Bd. 1, S. 266)

Auch an anderen Stellen kommt seine Abneigung gegen kirchliche
Institutionen zum Ausdruck. Diese können dem Menschen nicht
zur Erlösung verhelfen, da jeder selbst die Energieströme und Gesetze des Kosmos verstehen lernen muß. Die göttliche Gnade hat in
diesem Lernprozeß keinen Raum, denn gemäß dem ewigen Gesetz
muß jeder seine Schuld selbst abtragen.

> „Erkennet: Wenn die Seele aus der Finsternis kommt, das
> heißt, wenn sie sich in ihren Vorexistenzen im Erdendasein
> belastet und die Sünden nicht bereinigt hat, dann wird sie vor-
> übergehend in den Seelenreichen verweilen und dann wieder
> ins Erdendasein kommen. Sie wird so lange das Fleisch, ein
> Erdenkleid, anstreben, bis sie das bereinigt hat, was sie immer
> wieder zur Erde in das Erdenkleid gezogen hat." (A und Ω,
> Bd. 2, S. 138)

Das Wachstum der Menschen wird dabei spiritistisch interpretiert -
die Rede ist von Geistwesen, welche in die Materie gefallen sind
und nun während ihren wechselnden Aufenthalten im Diesseits und
im Jenseits (die Möglichkeit der Reinkarnation wird vorausgesetzt)
ihren Schulungsweg absolvieren. Am Ende steht die Bewahrung
vor der großen Katastrophe der Welt und die Verwirklichung
dessen, was der Mensch schon ist: Er ist selbst „die Fülle"!
Nur schon die Aussage über die Taufe offenbart ein tiefes Mißverständnis über deren Bedeutung. Wer sie als Zwang sieht, anstatt als
Zeichenhandlung für die göttliche Zuwendung gerade auch einem
Kind gegenüber, das noch keine eigene Leistung erbringen kann,
setzt sich dem Verdacht aus, Jesus überhaupt nicht verstanden zu

haben. Gleiches gilt für Jesu Aussagen über die Vergebung. Der zitierte „Jesus" verweist den Menschen nicht auf Gottes Gnade, die selbst dem reichen Jüngling (Matth 19,26) und dem Kriminellen am Kreuz zugänglich ist, sondern auf das unbarmherzige Gesetz der Vergeltung. Ist das noch Jesus Christus?[17]

Mit dieser Frage im Hintergrund wollen wir uns der oben erwähnten Schrift der Apostel zuwenden, welche dem bis hierher beschriebenen „Evangelium" zugrunde liegt. Jenes „Evangelium Jesu" ist bekannt, kann im Original gelesen werden und gehört ebenfalls zu denjenigen Neuapokryphen, welche gegenwärtig große Verbreitung finden.

2. „Das Evangelium des vollkommenen Lebens"

Laut dem Vorwort der deutschen Ausgabe will G.J. Ouseley dieses Evangelium, das auch als „Evangelium der heiligen Zwölf" bezeichnet wird, 1881 empfangen und niedergeschrieben haben.[18] In einer anderen Ausgabe heißt es, er habe als erster ein aramäisches Manuskript übersetzt, welches in einem buddhistischen Kloster in Tibet verborgen gewesen sei. Dorthin sei es von Essenern vor Verfolgungen gerettet worden.[19] (Ouseley spielt hier vermutlich auf eines der apokryphen „Evangelien der Zwölf" an, deren Existenz uns zwar bekannt, deren Text jedoch verschollen ist.[20]) Die englische Ausgabe von 1972 gibt noch eine andere Version: Ein Bruder Placidus habe das von Johannes in Rom

[17] Die gleiche Frage läßt sich gegenüber dem „Orden Fiat Lux" stellen, in dem Erika Bertschinger („Uriella") als angebliches Sprachrohr Jesu wirkt. Jener Jesus hat noch kein eigentliches Evangelium schreiben lassen, lehrt aber dem „Universellen Leben" durchaus vergleichbare Dinge, wie Reinkarnation, Karma, Vegetarismus, Verderbtheit der Kirchen und menschliche Vorleistungen als Bedingung für Gottes Gnade.

[3] Ouseley. G.J., Das Evangelium des vollkommenen Lebens, Bern: Humata Verlag. 5. Aufl. 1983.

[19] Heliand - Evangelium des vollkommenen Lebens. Herausgegeben von Edmond Székely und Purcell Weaver, deutsch herausgegeben von Werner Zimmermann. München: Drei Eichen Verlag, 7. Aufl. 1976.

[20] Eines wird von Origenes erwähnt, eines taucht im Ketzerkatalog des Marûtâ von Maiperkat auf und schließlich gibt es noch eine manichäische Version (Edgar Hennecke, Neutestamentliche Apokryphen, Tübingen: Mohr, 5. Aufl. 1987, S. 300).

geschriebene Werk in Tibet entdeckt, ins Lateinische übersetzt und den Kardinälen vorgelegt - worauf es in den Archiven des Vatikan verschwand.

Gideon J.R. Ouseley (1835–1906) wurde in Lissabon geboren, wuchs in Irland auf und schlug dort eine kirchliche Laufbahn ein. 1870 trat er von der anglikanischen zur katholisch-apostolischen Kirche über, schrieb Bücher über seine vegetarischen Ideale und kam mit theosophisch inspirierten Kreisen in Kontakt. Er behauptete nie, in Tibet gewesen zu sein oder Aramäisch zu können. In einem Brief von 1897 schreibt Ouseley hingegen ausdrücklich, er habe den Text medial mit Hilfe seiner theosophischen Mentoren Anna und Edward Maitland sowie der Geister Emanuel Swedenborgs und des Bruders Placidus empfangen, die bereits die Übersetzung ins Englische bewerkstelligten.[21]

Die erste Auflage erschien allerdings erst 1901. Inhaltlich ist der Text auf den ersten Blick sehr biblisch gehalten und macht einen scheinbar authentischen Eindruck:

> „*21. Kapitel* 1. Und es geschah, daß der Herr aus der Stadt zog und mit seinen Jüngern über die Berge ging. Und da kamen sie an einen Berg, dessen Wege sehr steil waren, und fanden einen Mann mit einem Lasttier. 2. Das Pferd aber war zu Boden gestürzt; denn die Last war ihm zu schwer, und der Mann schlug es, daß das Blut von dem Körper des Tieres rann. Und Jesus trat zu ihm hin und sprach: ‚Du Sohn des Greuels, warum schlägst du dein Tier? Siehst du denn nicht, daß es für seine Last viel zu schwach ist, und weißt du nicht, daß es Schmerzen leidet?' ... 5. Und Jesus wurde traurig und sprach: ‚Wehe euch, ihr Hartherzigen, die ihr nicht hört, wie es um Mitleid klagt und schreit zu seinem himmlischen Schöpfer, und dreimal Wehe dem, gegen den es schreit und stöhnt in seiner Qual!' 6. Und er schritt weiter und berührte das Pferd, und das Tier erhob sich, und seine Wunden waren geheilt. Aber zu dem Manne sprach er: ‚Gehe nun deinen Weg und schlage es künftig nicht mehr, so auch du Mitleid zu finden

---

[21] Per Beskow, Strange Tales about Jesus - a survey of unfamiliar gospels, Philadelphia: Fortress Press 1983, S. 72.

24

hoffest.' ... 8. Und er sagte auch: ,Ich bin gekommen, die Opfer und die Blutfeste abzuschaffen, und wenn ihr nicht aufhören werdet, Fleisch und Blut der Tiere zu opfern und zu verzehren, so wird der Zorn Gottes nicht aufhören, über euch zu kommen, ebenso wie er über eure Vorfahren in der Wüste gekommen ist, die dem Fleischgenusse fröhnten und von Fäulnis erfüllt und von Seuchen aufgezehrt wurden.'

37. Kapitel ... 2. ... ,Gesegnet sind, die viele Erfahrungen durchmachen, denn sie werden durch Leiden vollkommen werden.' ... 5. ,Wahrlich, ich sage dir, es sei denn, daß jemand wiedergeboren werde aus dem Fleische und dem Geiste, so kann er nicht in das Reich Gottes kommen. Der Wind bläst, wo er will, und du hörest sein Sausen wohl, aber du weißt nicht, von wannen er kommt und wohin er fährt. 6. Das Licht scheinet von Osten zum Westen; aus der Finsternis steigt die Sonne empor und geht wieder hinab in die Finsternis. Also ergehet es dem Menschen in alle Ewigkeit. 7. Wenn sie aus der Finsternis kommt, so hat sie vorher gelebt, und wenn sie wieder niedersinkt, so geschieht es, auf daß sie ein wenig raste und dann abermals lebe. 8. Also müsset ihr durch viele Wandlungen hindurch, damit ihr vollkommen werdet, so wie es geschrieben steht in dem Buche Hiob: Ich bin ein Wanderer und wechsle einen Platz nach dem anderen und ein Haus nach dem anderen, bis ich in die Stadt und in das Haus komme, die ewig sind.'

19. Kapitel 3. ,Unser Vater-Mutter, das du über uns bist und in uns, geheiligt sei dein Name in zweifacher Dreieinigkeit. Dein Reich komme zu uns in Weisheit, Liebe und Eintracht. Dein Wille geschehe, wie im Himmel, so auf Erden. Gib uns täglich dein heiliges Brot und die Frucht des lebendigen Weinstockes. Und wie du uns vergibst unsere Schulden, so mögen auch wir vergeben allen, die gegen uns schuldig werden. Gieße deine Güte aus auf uns, damit wir desgleichen tun. In der Stunde der Versuchung erlöse uns von dem Übel. 4. Denn dein ist das Reich, die Kraft und die Herrlichkeit: von Ewigkeit zu Ewigkeit. Jetzt und in alle Ewigkeit. Amen.' "

Es handelt sich hier um einen Zusammenschnitt der vier biblischen Evangelien, der durch eingestreute Zusätze erweitert und in ihren Aussagen ergänzt ist. Insbesondere wird Jesus als großer Tierfreund dargestellt, der den Vegetarismus befürwortet. Er lehrt Reinkarnation (Kap. 37) und einen Einweihungsweg. Gott bezeichnet er als „All-Vater-Mutter", selbst wird er „Jesus-Maria" genannt. Außer ihm gibt es noch eine ganze Hierarchie göttlicher Wesen, welche verschiedenen Kulturen in verschiedenen Sprachen die universale Religion verkünden.

Jesu Lebensweg verläuft von der unbefleckten Empfängnis über Heirat[22], Ausbildung in Ägypten und Studienreisen nach Assyrien und Indien zur Christus-Einweihung (Kap. 8). Sie ist die Vollendung seiner geistigen Schulung und der Beginn seiner Wirkungszeit in Palästina, die mit dem von den Juden angestrengten Prozeß, dem Tod am Kreuz und der Auferstehung endet. Vor der Himmelfahrt verkündet er noch eine Ordnung für das Reich Gottes.[23]

Unabhängig von ihren Aussagen über die Lehre und Person Jesu weist diese Schrift Züge auf, welche deutlich machen, daß es sich nicht um ein Evangelium aus der Zeit der Apostel handelt. Bereits die Ungereimtheiten der verschiedenen Entdeckungsversionen legen dies nahe. Denn tibetische Klöster existierten zur Zeit der Essener noch nicht. Und im Vatikan ist von Bruder Placidus nichts bekannt. Am glaubhaftesten ist die Version, welche Ouseley brieflich festhielt: die geistige Schau. Er war ein großer Tierfreund und Vegetarier und stand theosophischen Kreisen nahe. Es mag durchaus sein, daß er subjektiv der festen Meinung war, er habe durch Inspiration einen Evangelientext empfangen, welcher diese Ideale stützte. Doch selbst dieser Text zeigt, daß er aus unserer Zeit stammt. In Palästina benutzte man Pferde nicht als Lasttiere. Und das Training von Jagdhunden gehört in das England, in welchem Ouseley lebte. Auch die verwendeten theologischen Begriffe (Trinität, der Geist als „Lebensspender", ausgehend von der „Heiligen Zweiheit" Vater und Sohn) entstammen gedanklichen Prozessen und Bekenntnissen, welche sich erst einige hundert Jahre

---

[22] Die Braut Mirjam starb allerdings nach 7 Jahren (Kap. 6,10).

[23] Diese wurde dann von G. Wittek für den „Gottesstaat", welchen ihre Organisation „Universelles Leben" anstrebt, aufgegriffen.

nach den Aposteln und Essenern entwickelten. Ganz abgesehen von den beschriebenen Ritualen, welche Vertrautheit mit späteren orthodoxen und katholischen Bräuchen zeigen.

Ist dieses „Evangelium" also mit Sicherheit als Niederschrift von Gedanken des ausgehenden letzten Jahrhunderts (unter Zuhilfenahme der vier biblischen Evangelien) einzustufen, so kann dies nicht ohne Folgen für das darauf aufbauende „A und Ω" von Gabriele Wittek bleiben. Was ist von einem „Evangelium" zu halten, welches - und wenn auch korrigierend und kommentierend - auf einem Neuapokryphon aufbaut? Und dabei dessen Entstehungsgeschichte eindeutig falsch beschreibt? Was ist von einem „Christus" zu halten, der solches offenbart und als alleinige Wahrheit darstellt?

Exkurs II: Lehrte Jesus Reinkarnation und Vegetarismus?

a) Vegetarismus

Für einen gnostisch orientierten Esoteriker gehört die richtige
Ernährung unabdingbar zur Ent-Wicklung der Welt, zum Herab-
steigen des Geistes in den Stoff und Emporsteigen des Stoffes in
den Geist. Denn der Körper beeinflußt bekanntlich die Seele.
Allerdings war dies nicht der Grund dafür, daß ein Teil der frühen
Christen vegetarisch lebte. Sie fanden bei den damaligen Gepflo-
genheiten einfach nicht so leicht Fleisch, welches nicht einem
heidnischen Gott dargebracht war (1 Kor 8). Sie teilten diese Praxis
mit einem Teil der Gnostiker, welche das Fleisch mieden, weil es
für sie als Gefängnis des Lichtes unrein war.[24] Solche Anschauungen sind auch bei anderen damaligen Gruppen zu finden gewesen -
Ebioniten, Therapeuten und Anachoreten enthielten sich des
Fleischessens, aber auch die Montanisten - die Essener allerdings
nicht.[25] Den Manichäern zufolge gehörte Jesus nicht zum gewöhn-
lichen Volk, sondern seiner Rolle entsprechend zur Oberschicht der
„rein Lebenden". Demzufolge war er Vegetarier[26], der mithalf,
durch das Essen pflanzlicher Nahrung Lichtteile zu befreien.
In Vegetarierkreisen gibt es die Vorstellung, kirchliche Zensoren
hätten solche Lehren aus den Evangelien gestrichen. Denn im Zuge
des Aufkommens des Vegetarismus (zusammen mit dem Gedanken
der „Lebensreform") im Westen fragte man sich, was denn die
christliche Lehre dazu zu sagen hätte. Die Kirchen schwiegen,
worauf sich Vegetarierkreise auch weltanschaulich verselbständigten und allenfalls mit liberaltheologischen Zirkeln sympathisierten.
Im „Evangelium des vollkommenen Lebens" bildet die Propagierung des Vegetarismus (und die Bekämpfung der Tierquälerei)

---

[24] Kurt Hutten, Vegetarismus und Lebensreform, Materialdienst der EZW 33/1970,
S.277; Eugen Rose. Die manichäische Christologie, Wiesbaden: Harrassowitz. 1979,
S.94.

[25] Johann Maier/Kurt Schubert. Die Qumran-Essener, Basel: Ernst Reinhardt Verlag.
1973, S.50.

[26] Rose, Manichäische Christologie, a.a.O., S. 94, 98, 128f.

sogar einen Hauptteil der Sendung Jesu. Die Lebensbeschreibung „Jesât Nassar" steht ganz im Zeichen der Mazdaznan-Bewegung, die ebenfalls vegetarische Ernährung fordert (vgl. den folgenden Abschnitt 3), und das „Friedensevangelium der Essener" (siehe die folgenden Abschnitte 3 und 4) treibt mit solch reiner Nahrung gar den Satan aus, bzw. führt körperlichen Verfall und Böses auf die falsche, fleischliche Ernährung zurück, welche dem Bösen Zutritt verschafft.[27] Das „Universelle Leben" hat diese Lehren aufgenommen. Der 1952 von Carl Anders Skriver gegründete „Nazoräer-Orden" liest die vegetarisch-lebensreformerischen Lehren durch sehr freie Interpretation aus den kanonischen Evangelien heraus.[28] Doch keine dieser Bemühungen kommt um die Tatsache herum, daß Jesus Jude war und das Passah-Lamm aß. Außerdem wird vergessen, daß es damals in Judäa wie auch heute in vielen Landstrichen nicht überall möglich ist, pflanzliche Nahrung zu züchten - wir leben nicht mehr im Paradies (1Mos 1,29; 9,3). Die Schöpfung ist vielgestaltig - ebenso die Ernährung. Man darf sich zwar durchaus fragen, was Jesus zu übermäßigem Fleischkonsum und zu „Tierfabriken" sagen würde. Doch gerade Jesus hat auch Speisevorschriften als Mittel zur Einteilung der Menschen in Gut und Böse abgelehnt (Mk 7,15).

b) Reinkarnation

Gnostische Gruppen der Antike kannten die Lehre der Reinkarnation, welche in der orphisch-pythagoreischen Tradition Griechenlands geläufig war. Im „Buch der Mysterien" von Mani taucht sie auf, Herodot fand sie bei den Ägyptern, Vergil zitiert sie in der Äneis.[29] Die Katharer im Hochmittelalter kannten sie und esoteri-

---

[27] Dabei gibt es Parallelen zum Werk „De abstinentia" des antiken Autors Porphyrius aus dem 3.Jh; N. Klatt, Das Friedensevangelium der Essener, Materialdienst der EZW Stuttgart 52/1989, S.154.

[28] Hutten, Vegetarismus ..., a.a.O. S.157ff.; Literatur: C.A. Skriver, Die Regel der Nazoräer im 20.Jh., Berlin-Dahlem: C.A. Skriver Verlag 1960; ders., Der Verrat der Kirchen an den Tieren, München: Starczewski Verlag 1967.

[29] Gerhard Adler/Helmut Aichelin, Reinkarnation (Information Nr. 76), Stuttgart: EZW 1979; vgl. auch Reinhart Hummel, Reinkarnation, Mainz/Stuttgart: Grünewald/Quell 1988 (Reihe „Unterscheidung").

sche Gemeinschaften halten bis heute an ihr fest. Aus dieser scheinbar großen Verbreitung in der Antike und dem Fortbestand dieser Anschauung wird nun von Anhängern dieser Vorstellung abgeleitet, auch Jesus müsse die Seelenwanderung gekannt und gelehrt haben.

Einerseits wird nun im Neuen Testament nach nicht von den „kirchlichen Zensoren" herausgestrichenen Belegen gesucht, andererseits wollen einige Neuapokryphen Beweise dafür liefern, daß Jesus tatsächlich von der Reinkarnation ausging. Diejenigen unter ihnen, die von theosophischen Kreisen beeinflußt sind, liefern denn auch alle diesen Nachweis. Ebenso halten das „Evangelium des vollkommenen Lebens" und „A und Ω" an der Reinkarnation fest. Das „Evangelium von Arès" hingegen lehnt die Seelenwanderung ausdrücklich ab.[30]

Wie im Zusammenhang mit dem Vegetarismus wird hier wieder die Legende von der kirchlichen Zensur ins Spiel gebracht, auf die später noch einzugehen ist (siehe S. 89). Diesen Vorstellungen ist entgegenzuhalten: Der biblische Jesus spricht nun einmal nicht von weiteren Leben, sondern vom neuen, endgültigen Leben. Er lehrt nichts über weitere Lebenszeiten, sondern er ist das Ende der Zeiten. Wer sich auf ihn einläßt, für den spielt die Vergangenheit keine Rolle mehr. Vor ihm wird es unwichtig, ob man mehrere Male auf der Welt lebte oder erst dieses Leben bekam, denn er entlastet uns von unserer Vergangenheit. Mit den Worten der Reinkarnationslehre gesprochen: Er nimmt uns unser Karma. Er entlastet uns aber auch von unserer Zukunft. Denn Reinkarnation ist an den Ablauf der Zeit gebunden. Wer sich aber voll auf Jesus Christus verläßt, für den hört nach diesem Leben die Zeit auf, wenn er zu ihm eingeht.

---

[30] Le Livre V,6 (La Révélation d'Arès - intégrale, Arès: Maison de la Révélation 1984, S. 246).

3. „Jesât Nassar" – der Mazdaznan–Jesus

Vegetarische Lebensweise und sonstige Methoden zur Gesunderhaltung des Körpers lehrt Jesus auch gemäß einer Lebensbeschreibung, welche von Kreisen um die neo-zarathustrische Bewegung „Mazdaznan" verbreitet wird. Hier stammt Jesus sogar aus einer vornehmen Familie. Mariell Wehrli-Frey[31] berichtet von einer Verwandtschaft zu persisch-arischem Hochadel und einer Familie iranischen Glaubens und von einer dem Gesetz nach außerehelichen Beziehung Marias zu einem gewissen Yusef Pandar. Jesus wird von Essenern ausgebildet, die seine Geburt geplant, die Mutter ausgelesen und das vorgeburtliche Training geleitet hatten. Er bereist das Ostjordanland und Assyrien und bildet sich dann in Ägypten weiter. Als Esoteriker mit mystischen Zuständen und kabbalistischen Kenntnissen wirkt er in Palästina. Er wird verhaftet, da er das Volk aufklärt und die Weltherrschaftspläne der Hohenpriester stört, aber von seinen Anhängern und Pilatus wieder befreit. Er reist nach Kashmir und Indien. Nach seiner Rückkehr wird er auf Betreiben der Juden erneut gefangengesetzt und gekreuzigt, erleidet aber nur einen Scheintod. Ein Freilassungsbefehl des Kaisers Tiberius trifft gerade noch rechtzeitig ein. Seine engsten Freunde pflegen ihn in der Grabhöhle gesund und veranstalten für die Unwissenden die Auferstehungsereignisse. Jesus organisiert nun aus dem Verborgenen heraus die entstehende Urgemeinde.

Soweit der zusammengefaßte Inhalt der Beschreibung Jesu von M. Wehrli-Frey. Als Anhängerin von Mazdaznan verarbeitete sie darin das Werk „Yehoshua" von Dr. Otoman Zar-Adusht Ha'nish.[32] Letzterer umgab sein Leben mit exotischen, schillernden Angaben. Vermutlich handelt es sich einfach um den 1844 in Posen geborenen Schriftsetzer Otto Hanisch.[33] Er will seine Kenntnisse über Jesus aus alten, verschollenen Schriften gewonnen haben.

---

[31] Jesât Nassar genannt Jesus Christus, München: Drei-Eichen-Verlag 1965.

[32] Deutsch von David Amman, Herrliberg/Leipzig: Mazdaznan-Verlag 1921; außerdem verwendete sie nach ihren Angaben das ältere „Leben Jesu" von David Amman, sowie „Quellen, Überlieferungen und Legenden des Morgenlandes" von A.F., Peter und B.A.F. Mamreova.

[33] Kurt Hutten, Seher Grübler Enthusiasten, Stuttgart: Quell, 13. Aufl. 1984, S. 411.

Sein Buch hat einen etwas weniger komplizierten Handlungs-
ablauf, insbesondere fehlt die erste Verhaftung. Jesus war ein
Prediger der „Urreligion" in der Tradition der Zaratushtras.[34] Er
lehrte einen Weg der Selbsterlösung über mehrere irdische Leben
hinweg durch eine wissenschaftliche, bewußte Lebensweise, die
Atemtechniken, vegetarische Diät, geistliche und körperliche
Übungen beinhaltet und die Heilung und Erlösung bringen soll.
Bedenklich ist dabei, daß neben den Gedanken von körperlicher
und seelischer Reinheit auch der Begriff von der rassischen
Reinheit des Blutes auftaucht. Eine antisemitische Polemik ist
ebenfalls nicht zu übersehen.

Die deutlichen Hinweise auf eine zumindest mißverstandene Wahrnehmung der altpersischen Religion, die zweifelhafte Biographie
von O. Ha'nish (alias Hanisch) und das Fehlen nachprüfbarer
Belege für seine Aussagen über Jesus nehmen dieser Darstellung
zwar nicht die exotische Spannung. Sie lassen aber begründete,
ernste Zweifel bezüglich des Wahrheitsgehaltes ihrer Angaben
bzw. der Qualität ihrer Quellen aufkommen.

Viel eher macht es den Eindruck, daß es sich hier um eine mehr
oder weniger verschleierte Bearbeitung der sogenannten „Toledot
Jeschu" handelt. Dies ist eine Sammlung von Aussagen über das
Leben Jesu, welche der antiken jüdischen Polemik gegen das
Christentum entstammen und später zu ganzen Lebensläufen
zusammengefügt wurden. Die Mazdaznan-Version zeigt augenfäl-
lige Parallelen zu deren Handlungsstruktur. Zudem könnte Hanisch
bei einer solchen Grundlage tatsächlich von einer „alten orientalischen Quelle" sprechen - die erst noch zeitweise verschollen war.
Mariell Wehrli-Frey hat sie nur noch um die Reise nach Indien
erweitert.

Eigentümlich ist bei Mazdaznan auch der Weg, auf welchem Jesus
mit der persisch-zarathustrischen Philosophie (wie sie Hanisch verstand) verbunden wurde: Die Essener. Diese geheimnisumwitterte
religiöse Gruppe wird uns noch weiter beschäftigen.

---

[34] Mazdaznan begreift dieses Wort nicht als Eigenname, sondern als Amtsbezeichnung
(Hutten, a.a.O. S.410), was bereits ein Mißverständnis darstellt.

4. „Das Friedensevangelium der Essener"

Die Anführung der Essener im Titel hat sicherlich dazu beigetragen, diese Schrift zu einem der am weitesten verbreiteten Neu-
apokrypha zu machen. Zuerst hieß sie einfach „Das Friedensevangelium des Jesus Christus (durch den Jünger Johannes)"[35].
Dieses geht zurück auf Dr. Edmond Bordeaux Székely, der die
zugrundeliegenden Texte in aramäischer Form gefunden haben
will, als er in den zwanziger Jahren auf der Suche nach den Quellen
der Spiritualität des Franziskus von Assisi die Geheimarchive des
Vatikan durchforschte.[36] Einige hebräische Fragmente des Textes
hätten sich in Monte Cassino befunden, ein altslawisches
Manuskript aus Habsburgischen Beständen sei im Besitz der
Nationalbibliothek in Wien. Székely veröffentlichte 1937 zuerst
einen Teil seiner Übersetzung mit Anweisungen zu einem gesunden, heilen Leben - noch ohne die Essener zu erwähnen. Erst 1974
erschien eine zweiteilige Fortsetzung - in der englischen Ausgabe
unter dem gemeinsamen Titel „The Gospel of the Essenes"[37].

[35] Nach Beskow, Strange Tales (S. 82), hat es eine Auflage von rund 400.000
Exemplaren erreicht; die deutschen Ausgaben sind z.T. schon in der 10. und 11.
Auflage gedruckt worden; die Veröffentlichung von 1937 trug gemäß N. Klatt
(Friedensevangelium der Essener, a.a.O., S. 152-55.) den Titel „The Gospel of Peace
of Jesus Christ by the Disciple John" (London 1937) und war nur ein Auszug von „The
True (Unknown) Gospel of John on the Miraculous Healing of the Son of Man and on
All Secret Things of Heavens and of Earth" (1937); der Charakter und die Absicht des
Textes kommen im Untertitel der deutschen Ausgabe von 1972 (zusammen mit einer
Zusammenfassung des „Evangelium des vollkommenen Lebens" in einem Band) deut-
lich zum Ausdruck: „Heliand/Evangelium des vollkommenen Lebens - Die Gesund-
heitslehren einer altslawischen und einer aramäischen Evangelienhandschrift in der
Bibliothek des Vatikans" (wobei Heliand hier für das Friedensevangelium steht - nicht
zu verwechseln mit der altsächsischen freien Übertragung der Evangelienharmonie des
Tatian).

[36] So nach seiner eigenen Beschreibung (Das geheime Evangelium der Essener. Südergellersen: Verlag Bruno Martin, 1982, S. 55ff, insb. 101-110).

[37] In den USA bekamen alle drei Bände den gemeinsamen Titel „The Essene Gospel
of Peace"; deutsch zusätzlich zum bereits genannten (7. Aufl. 1988): Die unbekannten
Schriften der Essener. 11. Aufl. 1988; Das Friedensevangelium der Essener. 11. Aufl.
1987; Die verlorenen Schriftrollen der Essener. 9. Aufl. 1988; alle im Verlag Bruno
Martin, Südergellersen.

1977 folgte mit „The Discovery of the Essene Gospel of Peace"
eine Beschreibung der Entdeckung der Manuskripte.

Die veröffentlichten Texte enthalten keine Angaben zum Leben
Jesu. Auch Jünger und Heilssuchende bleiben mehr oder weniger
anonym. Vielmehr handelt es sich hauptsächlich um Lehrreden
Jesu, in deren Zentrum einerseits Aussagen zum Wesen des Menschen, andererseits Lehren über eine (natur-)gesetzmässige, heilbringende Lebensweise stehen.

Das „Evangelium des vollkommenen Lebens" spricht von Gott als
dem All-Vater-Mutter. Székelys Text führt jedoch zwei Gottheiten
ein: Der Mensch stammt leiblich von der Erdenmutter, geistig vom
himmlischen Vater ab. Dem vierten Gebot folgend hat er in seinem
Leben auf beide Rücksicht zu nehmen. Dabei scheint es Jesus in
seinen Lehren manchmal fast weniger auf die spirituelle Seite an-
zukommen, für die Gottvater zuständig ist, als auf die Beachtung
der Gesetze der Erdenmutter. Das Gebet zu ihr folgt gleich nach
der Anweisung, zum Himmelsvater das Vaterunser zu beten.

> „Und betet auf diese Weise auch zu eurer Erdenmutter:
> Unsere Mutter, die du bist auf Erden, geheiligt sei dein Name.
> Dein Reich komme, und dein Wille geschehe in uns, wie in
> dir. Da du jeden Tag deine Engel sendest, so sende sie auch zu
> uns. Vergib uns unsere Sünden, wie wir alle Sünden gegen
> dich sühnen. Und führe uns nicht in die Krankheit, sondern
> erlöse uns von allem Übel, denn dein ist die Erde, der Körper
> und die Gesundheit. Amen." (Das Friedensevangelium der
> Essener, S. 45)

Der Gegenspieler des zweifältigen Gottes ist der Satan. Und der
kommt mit der Vernachlässigung des Körpers und unreiner Nahrung, insbesondere durch Fleisch, in den menschlichen Leib.

> „Zuerst soll der Sohn des Menschen den Frieden mit seinem
> eigenen Körper suchen; denn sein Körper ist wie ein
> Bergteich, der die Sonne reflektiert, wenn er ruhig und klar
> ist; aber wenn er voller Schlamm und Steine ist, reflektiert er
> nichts. Zuerst muß Satan aus dem Körper verbannt werden,
> auf daß die Engel Gottes wieder eintreten und darin wohnen
> können. Wahrlich, kein Friede kann im Körper herrschen,

wenn er nicht ein Tempel des Heiligen Gesetzes ist. Darum sagt dem, der an Schmerzen und bitteren Qualen leidet und um eure Hilfe bittet, er solle sich selbst durch Fasten und Gebete erneuern. Sagt ihm, den Engel der Sonne, den Engel des Wassers und den Engel der Luft anzurufen, auf daß sie in seinen Körper eintreten und die Macht Satans verbannen. Zeigt ihm die innere Taufe und die äußere Taufe. Sagt ihm, er solle von der Tafel der Erdenmutter mit allen ihren Geschenken essen: Von den Früchten der Bäume, den Gräsern der Felder, der guten Milch der Tiere, dem Honig der Bienen. Er soll nicht die Macht des Satans durch Verzehr von Tierfleisch herbeirufen, denn wer tötet, tötet seinen Bruder und wer das Fleisch der getöteten Tiere ißt, ißt vom Körper des Todes. Sagt ihm, sein Essen mit dem Feuer des Lebens und nicht mit dem Feuer des Todes zu bereiten, denn die lebendigen Engel des lebendigen Gottes dienen nur lebendigen Menschen." (Das geheime Evangelium der Essener - der siebenfache Friede, S.35)

Jesus treibt Satan durch Reinigungsriten aus, die Fasten, Milch, Sonnenbad und Wasser (das neben dem Bad auch zu Einläufen dient, d.h. zur inneren Taufe) einbeziehen. Satan kommt dabei in drastischen Schilderungen als schwarzer Wurm mit stinkendem Unrat heraus. Erst solcherart gereinigt findet der Mensch wieder die Fähigkeit zu einem heilen Leben ohne Unheil und Krankheit, mit Jesus.

Der Mensch muß den Weg zu Gott also selbst gehen. Die Bitte um Vergebung an die Erdenmutter ist sehr widersprüchlich, nachdem doch festgestellt wird, daß „wir alle Sünden gegen dich sühnen." Übel wird vor allem in unreinen Zuständen und Krankheit gesehen, aus denen sich jeder selbst herausarbeiten muß. Ist das der Jesus, der zu den Blinden, Lahmen, Aussätzigen und Unreinen ging?

Székely brauchte 40 Jahre, um nach der Publikation des ersten Teils seines „geheimen Evangeliums" die versprochene Fortsetzung herauszugeben. Nachdem der 1937 veröffentlichte Teil zuerst als „ein Achtel" des gesamten Textes bezeichnet wurde, sprach Székely später von „einem Drittel". Die altslawischen Manuskripte tauchen zwar im Untertitel des ersten Bandes auf, und in der ersten deutschen Ausgabe heißt es sogar, Székely habe den altslawischen Text vor dem aramäischen gefunden. Székely selber berichtet aber von der umgekehrten Reihenfolge - wenn er auch nirgends angibt, wann er in der entsprechenden Bibliothek in Wien war und daß er das Altslawische überhaupt verstand. Lesen, Kopieren und Übersetzen der Texte haben zudem auch in Rom und Monte Cassino erstaunlich wenig Zeit in Anspruch genommen. Alte aramäische Manuskripte kann man nicht - wegen des Schriftbildes, wegen Beschädigungen und übersetzerischer Probleme - so einfach innert weniger Tagen in einem Studierzimmer lesen, wie Székely es berichtet. Hinzu kommt, daß er keine bibliographischen Angaben macht, welche helfen würden, das Original wieder zu finden. Jedenfalls ist weder in Rom noch in Wien ein Text in den Archiven bekannt, welcher Székelys Übersetzungen entsprechen würde. Die Fragmente von Monte Cassino könnten natürlich der Zerstörung im 2. Weltkrieg zum Opfer gefallen sein. Der hebräische Text, welchen Székely endlich vorlegte, hat aber nichts Fragmentarisches an sich - ist jedoch auch nicht als Rekonstruktion deklariert und gibt keine Hinweise auf den Fundort Monte Cassino. Diese und allzuviele weitere Fragen zu den angeblichen Manuskripten drängen den Befund förmlich auf, daß es sich auch hier um Schriften aus unserer Zeit handelt, denen eine geheimnisvolle Rahmengeschichte zugefügt wurde, um sie glaubwürdiger zu machen. Ob Székely seine Anliegen bezüglich gesunden Lebens, sauberer Luft, reinem Wasser und Sonne nicht auch einfacher hätte verkünden können?

Exkurs III: Jesus, ein Essener aus Qumran

a) Ein Verwirrspiel um Namen

Jesus wird in den kanonischen Evangelien und in den Apokryphen nicht nur als Wundertäter, sondern auch als Wissender dargestellt. Er kennt die jüdischen Schriften und wird mit dem Titel „Rabbi" angesprochen. Auch verschiedene Stellen des jüdischen Talmud gestehen ihm diesen Titel durchaus zu und geben sogar Hinweise auf seine eventuellen Lehrer, insb. auf Rabbi Joshua ben Perachiah.[38] In den Apokryphen wird davon gesprochen, daß Jesus zum Priester bestimmt gewesen sei.[39] Geheimes, zu Heilungs- und anderen Wundern befähigendes Wissen wurde schon damals den Ägyptern und den Essenern zugeschrieben.[40] Aus dieser Kombination ergibt sich ein möglicher Ansatzpunkt für die These, Jesus sei bei letzteren ausgebildet worden und selbst Essener gewesen.

Ein weiterer Anstoß zu dieser Idee dürfte von dem verwirrenden Gebrauch der Begriffe Nazarener, Nazoräer/Nasiräer, Iessäer, Essener und Therapeuten ausgehen, der schon bei den antiken Geschichtsschreibern und Schriftstellern zu beobachten ist. Es kann hier nun nicht darum gehen, sie historisch richtig zu definieren. Es soll nur gezeigt werden welche Verwendungen dieser Gruppenbezeichnungen Jesus zum Essener werden ließen.

Jesus ist von jüdischen Geschichtsschreibern als Jeschu-hᵃ-nozri bezeichnet worden, Christen als Nozrim, Anhänger des Nazareners oder Nazoräer. Der letztere Name wird manchmal mit den Nasiräern in Verbindung gebracht, welche sich Gott durch besondere Enthaltsamkeit weihten (vgl. 4Mos 6). Als solche galten etwa der Apostel Jakobus („der Gerechte") oder Johannes den Täufer. Die

---

[38] Mead, G.R.S., Did Jesus Live 100 B.C.? - An Inquiry into the Talmud Jesus Stories, the Toldoth Jeschu, and Some Curious Statements of Epiphanius. London: Theosophical Publishing Society, 1903, S. 141.315; damit hängt die zeitliche Einordnung des Lebens Jesu um 100 v.Chr. durch einen Teil der talmudischen Überlieferung zusammen.

[39] Hofmann, Rudolph, Das Leben Jesu nach den Apokryphen - im Zusammenhange aus den Quellen erzählt und wissenschaftlich untersucht. Leipzig: Fr. Voigt. 1851, S. 10.

[40] So z.B. nach Josephus Flavius, De bello judaico, II/8,6.12 (Der jüdische Krieg, München: Goldmann 1974).

Nazoräer, die Judenchristen der Urgemeinde, wurden aber auch „Iessaei" genannt und den „Therapeuten" gleichgesetzt. Dabei handelte es sich nach Philo von Alexandrien, einem jüdisch-griechischen Autor aus der Zeit Jesu, um eine Gemeinschaft im ägyptischen Alexandria, die kontemplativ lebende Essäer seien, während es anderswo, in Palästina und Arabien, auch eher säkular lebende Essäer gebe. Die „Therapeuten" wurden bereits vom Kirchenvater Eusebius (260-339) mit frühchristlichen Mönchen identifiziert.[41]

Diese Auffassung wurde erst in der Reformationszeit angezweifelt, als der Protestantismus den Sinn des Mönchtums überhaupt hinterfragte. Reformierte Theologen sahen die „Therapeuten" als eine Art jüdische Mönche und griffen das Mönchtum als unchristlich an. Zur Verteidigung stellten dann katholische Theologen die These auf, Jesus und die Apostel seien selbst Essener (= Therapeuten) gewesen.[42]

b) Jesus, der Essener

Obwohl sich im 17. und 18. Jh. die Auffassung durchsetzte, daß Therapeuten, Essener und Christen zu unterscheiden seien, wurden die Essener doch im Zuge der Aufklärung wieder mit den Christen in Verbindung gebracht. Der Essenerorden wurde zum Lehrinstitut, an dem Jesus seine wunderbaren Fähigkeiten auf natürliche, vernünftige Art erworben hatte. Johann Georg Wachter[43] sah als

---

[41] Quellen für diese Angaben sind Josephus, De bello (a.a.O.); Philo, Quod omnis probus liber sit; de vita contemplativa, Werke, Bd. VII. Deutsch hrsg. und übers. von L. Cohn et.al. Berlin: deGruyter. 1964; S.P.N. Epiphanius, Haeraeses, Opera [Patrologiae Gracae 41], Turnhout: Editores Pontificii 1959).

[42] Siegfried Wagner, Die Essener in der wissenschaftlichen Diskussion, Berlin 1960 (Beiheft ZAW 79), S.4, zit. in Norbert Klatt, Lebte Jesus in Indien? - eine religionsgeschichtliche Klärung, Göttingen: Wallstein 1988, S. 22; Wagner behauptet, der Karmeliterorden habe Essener, Jesus und Apostel in seine Ordensgeschichte einbezogen (ebd.), was insofern interessant wäre, als das „Urevangelium" (vgl. S. 44) und Spencer's „mystisches Leben" (S. 70) Jesus nach der Kreuzigung im Essenerkloster auf dem Karmel Zuflucht suchen lassen; vom Magier/Gnostiker Simon Magus existiert eine gleiche Legende.

[43] 1673-1757, De primordiis Christianae, 1713; erwähnt in N. Klatt, Lebte Jesus in Indien? a.a.O., S.23.

erster Jesus in diesem Sinne als Essener. Nachher taucht dieses Motiv bei K.F. Bahrdt (1741-1792) auf, der in „Ausführung und Plan des Zweckes Jesu" (1784/5) schildert, wie Jesus unter der Obhut des Essenerordens heranwächst und ausgebildet wird. Schließlich habe er sogar selbst seine Kreuzigung inszeniert, um die Erwartung eines *welt* beherrschenden Messias zu zerstören. Die Martern habe er mit Hilfe der essenischen Heilkünste überlebt, um hernach von einem Essener-Kloster aus die Ausbreitung des Christentums zu leiten. In der von Pfarrer (!) K.H.G. Venturini (1768-1849) verfaßten romanhaften Darstellung des Lebens Jesu wurde diese Version weiter ausgeführt und fand eine große Leserschaft.[44]

In esoterischen Kreisen wurde nun genau diese Version aufgegriffen und verbreitet. Dazu haben u.a. freimaurerische Kreise beigetragen.[45] Alle esoterischen Evangelien der Neuzeit lassen sich mit ihr in Verbindung bringen - z.T. ganz direkt in der Form des Abschreibens. Andere Zusammenhänge können nur vermutet werden: Die erste deutsche Übersetzung des Zend-Avesta entstammt freimaurerischen Zirkeln.[46] Deren (romantisierte, verwestlichte) Tradition findet sich zusammen mit dem Essenermotiv in der Jesus-Darstellung der Mazdaznan-Bewegung wieder (siehe S. 31).

In neuester Zeit wird das Motiv des Esseners Jesus auch noch mit einem etwas anderen Schwerpunkt kolportiert. Nachdem im Gefolge der 68er-Bewegung die Klassenzugehörigkeit Jesu[47] diskutiert wurde, hat sich auch die Frage nach seinen Beziehungen zur Aufstandsbewegung gegen die Römerherrschaft, bzw. nach den Verbindungen zwischen Essenern und Zeloten, wieder neu gestellt. Johannes Lehmann sieht auch politisch-revolutionäre Züge bei ersteren und stellt die ersten Christen als mit Zeloten verbundene

---

[44] Karl Heinrich Venturini, Natürliche Geschichte des großen Propheten von Nazareth, Bd. I-IV. Ägypten & Bethlehem (=Kopenhagen) 1800-1802.

[45] Nach Klatt hat „Christian Carl Friedrich Wilhelm Freiherr von Nettelbladt (1779-1843) das Werk Venturinis zur Ausarbeitung der ‚freimaurerischen Tradition‘ der großen Landesloge von Deutschland herangezogen" (Jesus in Indien?, a.a.O., S. 125).

[46] 1771, laut Hutten, Seher Grübler ..., a.a.O. S. 411.

[47] Adolf Holl, Jesus in schlechter Gesellschaft, Stuttgart: Deutsche Verlags-Anstalt 1971; Anton Mayer, Der zensierte Jesus, Olten: Walter 1983; Howard Thurman, Jesus and the Disinherited, New York: Abindon-Cokesbury Press 1949.

Essener dar.[48] Gestützt werde diese Vermutung durch das Indiz der in der Familie Jesu verwendeten Eigennamen, die auf nationalistische Haltungen schließen ließen. Paulus habe das Bild verfälscht, um sich von seiner Vergangenheit zu lösen und seinen Frieden mit Gott zu finden. Außerdem war die Erinnerung an eine solche Vergangenheit bei der späteren Ausbreitung der Christen im römischen Reich nicht opportun - unverdächtiges, unpolitisches Image war gefragt. Die sozialrevolutionären Wurzeln habe die Kirche bis heute verdrängt.[49]

c) Die „Verschlußsache" von Qumran

In jüngster Zeit ist nun noch eine weitere, ähnliche These aufgetaucht, welche sich ebenfalls auf die Essener bezieht.[50] Die Schriften von Qumran, so heißt es, würden nur deswegen so schleppend veröffentlicht, weil die (katholische) Kirche sie zu unterdrücken versuche. Aus den Texten gehe nämlich hervor, daß Jesus ein in Qumran ausgebildeter Essener gewesen sei. Vor allem aber zeige sich, daß die Qumran-Gemeinschaft mit der christlichen Urgemeinde (und mit den Zeloten und Nazoräern) identisch war. Sie bildete das Zentrum einer messianischen Aufstandsbewegung. Ihr Leiter sei der Bruder Jesu, Jakobus gewesen. Der Apostel Paulus wird als Agent des Hohen Rates beschrieben, welcher die politische Bewegung durch den Mythos des göttlichen Jesus zu entschärfen und Jakobus zu beseitigen vermochte.

Daß diese Thesen sich als Bestseller verkaufen, macht sie nicht wahrer (vgl. S. 19). Selbst wenn Beziehungen zwischen Essenern und Qumran bestanden, erlaubt dies noch nicht den Schluss, die Gemeinschaft in Qumran habe aus denjenigen Essenern bestanden,

---

[48] Jesus-Report. Protokoll einer Verfälschung, Düsseldorf: Econ 1970, S. 154 (mit ähnlichen Aussagen vom selben Autor: Das Geheimnis des Rabbi J., Hamburg: Rasch & Röhring, 1985; auch Ha'nish geht in seinem „Yehoshua" davon aus, daß die Jünger eine Schar bewaffneter Helfer unterhielten (S.62f).

[49] So Hans Conrad Zander in einem Artikel über Jesus (Stern 18/1990 160-66), der sich auch auf jüdische Theologen beruft (u.a. auf ben Chorin); Lehmann, Jesus-Report, a.a.O. S. 169; ders. in einem Artikel im Stern 43/1970, S.188.

[50] Michael Baigent/Richard Leigh, Verschlußsache Jesus. Die Qumranrollen und die Wahrheit über das frühe Christentum. München: Droemer Knaur 1991.

welche die römischen Geschichtsschreiber darstellten. Zudem war Jerusalem das Zentrum der Essener und nicht etwa Qumran - gerade die dort gefundenen Texte belegen dies.[51] Die Art, wie in diesem Buch verschiedene jüdische Gruppen und Bewegungen in einen Topf geworfen werden, entbehrt jeder Grundlage. Wir müssen akzeptieren, daß das damalige Judentum vielfältiger war, als meist angenommen. Daß die damaligen Gruppen von den Geschichtsschreibern zum Teil mit ähnlichen Namen bezeichnet oder gar verwechselt werden, erlaubt uns nicht, sie schlicht als identisch zu bezeichnen. Selbst wenn eine gewisse Verwandtschaft z.B. zwischen den Essenern in Palästina und den sogenannten Therapeuten in Alexandria bestand, sind Essener deswegen noch nicht Therapeuten und umgekehrt. Und selbst wenn im Neuen Testament manche essenische Gedanken und Bräuche anklingen (Johannestaufe, Kalender), so zeigt das geistige Einflüsse auf, ohne daß deswegen Jesus ein Essener gewesen sein muß. Jesus mag mit Essenern verkehrt haben, aber er traf sich auch mit Pharisäern, Zeloten, Zöllnern und Nichtjuden. Die Unterschiede zwischen deren Praktiken und Ansichten und Jesus sind so augenfällig, daß es erstaunlich ist, wie lange die These von „Jesus-dem-Essener" zu bestehen vermag:

Die Gebote zur Erhaltung der körperlichen wie rituellen Reinheit wurden in Qumran sehr scharf ausgelegt. Man vergleiche dagegen Mt 15,2ff. Die Qumrangemeinde isolierte sich von der Gesellschaft. Die Essener waren eine zum Teil zölibatäre, elitäre Gemeinschaft mit genau festgelegtem Tagesablauf und recht engen Glaubenssätzen. Wie anders lebte und handelte da Jesus, der auch zu den Verachtetsten ging und den Menschen, nicht die Prinzipien in den Mittelpunkt stellte! Das Gesetz wurde in der Qumrangemeinde offensichtlich noch strikter eingehalten als von den Pharisäern.

---

[51] Prof. Hartmut Stegemann, Göttingen, zitiert in „Leben & Glauben" 12/92; ähnlich kritisch äußerte sich z.B. Prof. Shemaryahu Talmon, Jerusalem am 11.3.92 im Fernsehsender Bayern 3 und Rainer Riesner, Tübingen im „Materialdienst der EZW" 5/92; auch die übrige Fachwelt lehnt die Thesen - unabhängig von Religion oder Konfession - ab; gleich erging es den Autoren schon mit ihren unbeweisbaren Spekulationen über Jesus als Stammvater der Merowinger Könige (Henry Lincoln/Michael Baigent/Richard Leigh, Der Heilige Gral und seine Erben - Ursprung und Gegenwart eines geheimen Ordens, Bergisch Gladbach: Gustav Lübbe Verlag, 3. Aufl. 1984).

Ihnen ging es um eine prinzipielle Gesetzestreue, Jesus dagegen macht menschliche Leistung im Einzelfall nicht zu einer Voraussetzung für die Gnade Gottes. Jesus möchte das Gesetz im Geist der Liebe gegenüber dem Nächsten eingehalten sehen, nicht dem Buchstaben nach, usw.

Die Autoren der „Verschlußsache" können keinen bisher versteckten Qumrantext anführen, der ihre Thesen belegt. Sie führen nur sehr gewagte Auslegungen bereits veröffentlichter Manuskripte an und lassen dabei die Aussagen des Neuen Testamentes häufig unberücksichtigt. Nur so kommen sie z.B. zur Interpretation des Habakuk-Kommentares aus der ersten Höhle von Qumran (1QHab) als verschlüsselter Kampf zwischen Jakobus und Paulus. Aber der größte Teil der gefundenen Rollen ist nachgewiesenermaßen von vornherein zu alt, um als Beweis für solche „neue Erkenntnisse" über das frühe Christentum zu dienen[52] - den entsprechenden Radiokarbontest läßt die „Verschlußsache" jedoch außer acht.

Auch der von Baigent und Leigh häufig zitierte Prof. Robert Eisenman kann die Auslegungen in seinem eigenen und inzwischen ebenfalls auf deutsch veröffentlichten Buch[53] nicht glaubhafter darstellen. Bereits in der Einleitung wird klar, daß er von gleichen Worten auf gleiche Ideen und daraus auf direkte Gemeinschaft kurzschließt. Mit derselben Logik könnte man auf eine Gemeinschaft von Kirche und „Universellem Leben" schließen, weil beide in bestimmten Schriften dieselbe Bergpredigt zitieren und mit scheinbar ähnlichen Begriffen auslegen. Gemeinsame Worte und Begriffe mögen auf ideelle Beeinflussung hinweisen - sie sind aber keinesfalls ein Beleg dafür, daß es sich bei den Gruppen, die sie verwenden, um eine Gemeinschaft handelt. - Da Eisenmann hebräischen Text und wörtliche Übersetzungsversuche mitliefert, kann man sich leicht selbst ein Bild davon machen, wie einseitig seine Interpretationen und Schlüsse zum Teil sind.

Das Hauptproblem scheint mir darin zu bestehen, daß manche Autoren in den vorhandenen Texten über die Essener von vornherein mit vorgefaßten Meinungen nach Belegen für „Jesus-den-

---

[52] „Biblical Archeologist" 54, 1991: S. 172.

[53] R. Eisenmann/Michel Wise, Jesus und die Urchristen - die Qumranrollen entschlüsselt, München: Bertelsmann 1993

Essener" suchten. Nachdem nun die Qumranrollen zum großen Teil publiziert sind, hat man auch diese endzeitlichen und in symbolischer Sprache gehaltenen Schriften wie Werke der Geschichtsschreibung gelesen - und somit manches hineingelesen. Das geheimnisvolle und romantische Bild des Essenerordens eignet sich eben, eine rationale Erklärung für das Wirken Jesu zu geben. Dies scheint uns Jesus näherzubringen, weil seine Fähigkeiten nachvollziehbar und lernbar erscheinen. Zudem wird damit eine Möglichkeit geschaffen, Jesus „mit den Weisen, Eingeweihten der Erde" zu verbinden, was der Suche nach *einer* Religiosität für die kleiner werdende Welt entgegenkommt. Übersehen wird dabei immer, daß nicht die Einzelheiten und Fähigkeiten im Leben Jesu wichtig sind, sondern sein Dasein an sich Gottes Nähe und Liebe zu den Menschen zeigt. D.h. selbst *wenn* Jesus ein Essener gewesen wäre oder bei ihnen gelernt hätte, so ist sein Leben selbst doch eine andere Lehre über die Beziehung Gottes zu den Menschen. Selbst *wenn* Jesus wissenschaftliche Kenntnisse angewandt hätte, ändert das nichts an seinem Vertrauen auf den Vater und seine Nähe zu den Menschen. Selbst *wenn* Qumran zu einem Teil der Urgemeinde geworden sein sollte, so ändert das doch nichts daran, daß Jesu Leben und Auferstehung weit über sie hinaus gewirkt haben.

5. „Das fünfte Evangelium" oder das „Urevangelium der Essäer (Der Essäer Brief)"

Die Bedeutung dieser Schrift[54] liegt weniger in ihrer eigenen Verbreitung, als darin, daß sie aus den „geheimen Fähigkeiten der Essener" folgert, Jesus habe die Kreuzigung überlebt. Diese These hat unabhängig von ihrer Quelle eine große Verbreitung gefunden - obwohl diese Quelle schon nach kurzer Zeit als Fälschung erkannt war. Sie beruht eigenen Angaben gemäß auf dem Essäer Brief, der bereits 1849 erschien.[55] Dieser soll eine alte Pergamentrolle sein, die in einer Bibliothek in Alexandrien (Ägypten) gefunden wurde und früher Eigentum des Essäer-Ordens gewesen sei - der Brief eines Augenzeugen, der im Alexandrinischen Zweig dieses Ordens Klarheit über die Umstände des Lebens Jesu schaffen sollte.

Jesus war von einem Essäer gezeugt, von Geburt an für den Orden bestimmt und von diesem ausgebildet und beschützt worden. Seine Mutter und seine Umwelt hatten jedoch vieles nicht verstanden und für Wunder gehalten - so gerade auch Jesu medizinische und naturwissenschaftliche Kenntnisse. Seine Erkenntnis machte ihm die religiöse Hierarchie zum Feind. Es folgten der Prozeß und die Kreuzigung. Jesus fiel am Kreuz ins Koma und war bei der

---

[54] Von Friedrich Clemens, eigentlich F.C. Gierke, Titel der 2. Aufl. 1868: „Jesus der Nazarener. Des Weisesten der Weisen Leben, Lehre und natürliches Ende. Der Wirklichkeit nacherzählt und dem deutschen Volke gewidmet." (1. Aufl. Hamburg 1867, 5. Aufl. Berlin 1975); nicht zu verwechseln mit der - allerdings auf gleicher Grundlage beruhenden - Schrift von Richard Clemens: „Jesus von Nazareth, oder das Evangelium und die evangelische Geschichte im Geiste und Bewußtsein der Gegenwart. Zugleich zum ergänzenden Verständnis der beiden Schriften: ‚Wichtige historische Enthüllungen über die wirkliche Todesart Jesu' und ‚Historische Enthüllungen über die wirklichen Ereignisse der Geburt und Jugend Jesu'", Stuttgart 1850.

[55] Rainer Henrich (Rationalistische Christentumskritik in essenischem Gewand: Der Streit um die „Enthüllungen über die wirkliche Todesart Jesu". Prof. Dr. Hans Geißer zum 60. Geburtstag, Zürich 1988) listet eine ganze Reihe verschiedener Ausgaben auf. Die These des Verschwindens des Originals in den Archiven wird damit begründet, daß die christliche Orthodoxie solches Wissen zu unterdrücken trachte (so in „Wer war Jesus? Authentische Mitteilungen eines Zeitgenossen über Geburt, Jugend, Leben und Todesart, sowie über die Mutter des Nazareners. Nach einem alten zu Alexandrien aufgefundenen Manuskripte aus einer lateinischen Abschrift des Originals übersetzt", Oranienburg 1906).

Abnahme noch nicht tot, was die anwesenden Essäer Joseph von Arimathia und Nikodemus erkannten.

„76. Denn Pilatus hielt viel auf Joseph und er fühlte heimlich Reue über die Hinrichtung. Als Nikodemus die Wunde sah und daß Blutwasser herausrieselte, strahlten seine Augen voll neuer Hoffnung und er sprach Mut ein, weil er ahnte, was vorgegangen war. Und er zog Joseph auf die Stelle, wo ich stand, ferne von Johannes, und sagte mit gedämpfter, aber hastiger Stimme: ‚Liebe Freunde - hoffet und leget Hand an - denn Jesus ist nicht tot - er scheint es nur zu sein, da seine Kräfte erschöpft wurden. Und während Joseph vor Pilatus gewirkt hat, lief ich hin in unsere Gemeinde und holte die Heilmittel, die in solchen Fällen üblich und von Nutzen sind. Aber verschweiget dem Johannes, daß wir Jesus wieder auferwecken wollen, denn er würde seine Freude nicht an den Zaum der Klugheit legen und vor der Welt verbergen können - und dieses wäre unseren Plänen gefährlich, denn die Feinde würden uns dann mit ihm töten.‘

77. Und als solches gesprochen war, eilten sie nach dem Kreuze und ließen ihn nach den Vorschriften der Heilkunst, die sie aus Vorsicht mit dem Leibe machten, langsam losbinden, die Nägel aus den Händen ziehen und behutsam den Körper auf den Boden niederlegen. Und Nikodemus bestrich lange Streifen von Byssus mit den flüssigen und stärkenden Salben, die er mitgebracht hatte und die ein Geheimnis unseres Bundes waren.“

Jesus wurde gesundgepflegt und trat wieder in der Öffentlichkeit auf, um die Wahrheit aus der Verborgenheit (des Ordens) ins Volk zu bringen. Um nicht als weltlicher König ausgerufen zu werden, zog er sich dann aber doch in eine Ordensniederlassung zurück.

„192. ... Er betete für seine Freunde, die er verlassen mußte, hob die Arme empor und segnete sie, und als er dies tat, zog der Nebel über den Berg, den die Abendröte färbte. Da entsendeten die Ältesten der Essäer, die jenseits des Gipfels harrten, zwei Brüder ab, Jesus zu ermahnen, daß es spät sei. Und als die Jünger ihr Angesicht auf die Erde geneigt hatten, da schied

Jesus schnell und schmerzlich und eilte mit den essäischen Ältesten davon durch den stärker anziehenden Nebel. Zwei Brüder aber in weißen Festgewändern redeten die Jünger an, daß sie Jesus nicht mehr erwarten sollten ...
195. Es verbreitete sich aber das Gerücht durch die Stadt, Jesus sei von einer Wolke aufgenommen und zum Himmel gefahren. Aber dies war nur vom Volke ausgesprengt, das nicht dabei gewesen war, als Jesus Abschied genommen. - Die Jünger widersprachen dem Gerüchte nicht, da es ihnen diente zur Festigkeit der Lehre und zur Einwirkung auf das Volk, welches ein Wunder erwartete, um an ihn zu glauben."

Jesus reiste mit seinen Begleitern dorthin, „wo die essäischen Brüder wohnten, am Toten Meere", und starb dort nach 6 Monaten an Spätfolgen der Foltern.

Der Text des „Briefes" ist kurz nach seinem Erscheinen als Fälschung entlarvt worden, auch der Autor, P.F.H. Klencke (1813-1881) wurde entdeckt. Es handelt sich um den „ sehr ernstgemeinten, wenn auch wenig glücklichen Versuch einer religiösen Antwort auf die geistigen und sozialen Umbrüche im Umfeld der März-Revolution von 1848"[56] - Vernunft und Sittlichkeit sind die Grundlagen des wahren Gottesreiches auf Erden, nicht Zerfall und Umsturz. Und doch verlangt die Entfaltung der Vernunft und des Göttlichen im Menschen Freiheit von staatlichem und kirchlichem Zwang. Die Gesellschaft braucht eine dem ewigen Vernunftgesetz entsprechende Grundlage - auch im religiösen Bereich, da Gott selbst Schöpfer und Inbegriff der Vernunft[57] ist.

Trotz dieser eindeutigen Entlarvung wurde diese „ sensationelle Enthüllung" immer wieder neu „entdeckt" und herausgegeben. Vergessene Exemplare gelangten in andere Länder und wurden dort als überraschende Funde übersetzt, die Legenden über das Original des Briefes wuchern (es soll - wie so manches andere - in den Archiven des Vatikan verschwunden sein).

---

[56] Henrich, Rationale Christentumskritik, a.a.O., S. 322.

[57] Nach einer weiteren Schrift des Essäer-Brief-Verfassers Klencke gemäß Henrich, a.a.O., S.315.

Neben der politischen Absicht geht es in dieser Schrift darum, einerseits das Wirken Jesu vernünftig, ja naturwissenschaftlich zu erklären. Dazu werden die Essener herangezogen, welche man im letzten Jahrhundert als Wissenschaftler des Altertums ansah. Da sie Jesus ausbildeten, beruhen folglich alle Wundergeschichten auf der Anwendung ihrer Kenntnisse, welche das gewöhnliche Volk nicht verstand. So liefert diese Schilderung auch eine verstandesmäßig faßbare Deutung der Karfreitags- und Osterereignisse, des letzten Wunders Jesu: Er stirbt nicht am Kreuz, sondern fällt nur in ein Koma und wird von seinen kenntnisreichen Freunden durch medizinische Behandlung ins Leben zurückgeholt.

Exkurs IV: Überlebte Jesus das Kreuz?

a) Wer starb am Kreuz?

Schon im frühen Christentum stellte sich die Frage, ob denn der Gottessohn wirklich am Kreuz gestorben sei (2Joh 7). Denn einen tatsächlich schändlich am Kreuz Hingerichteten zu verehren, erschien in der griechisch- und lateinischsprechenden Umwelt geradezu widersinnig (1Kor 1,23). Gnostiker und Manichäer konnten sich einen gekreuzigten Jesus nicht vorstellen, denn ein Lichtwesen wie er konnte doch an menschlicher Fesselung durch den Leib keinen Anteil haben (vgl. S. 15). Der Islam übernahm diese Ansicht - Jesus wurde entrückt wie Elia und somit leiblich in den Himmel aufgenommen (siehe hierzu „Evangelium des Barnabas", S. 102).
Die betreffende Stelle im Koran (siehe S. 102) könnte aber auch dahingehend gelesen werden, daß ein anderer an Jesu Stelle gekreuzigt wurde (Sure 4,158f). Tatsächlich kennt schon der Manichäismus diese These. Nachdem in den Thomasakten von einem Zwillingsbruder Jesu die Rede ist, bietet sich die Vorstellung eines Rollentausches an - auch wenn ein solcher aufgrund anderer Aussagen dieser apokryphen Schrift eigentlich ausgeschlossen werden muß: Nach der Version der pakistanischen Ahmadiyya-Sekte (vgl. S. 50) reiste Jesus nach der überstandenen Kreuzigung nach Indien und traf sich dort mit seinem Zwillingsbruder Thomas. Die japanische Version[58] erzählt von Jesu Bruder Isukiri, der am Kreuz für ihn litt, während Jesus nach Asien floh. Isukiri's Leichnam wurde später nach Japan überführt und genau wie Jesus selbst dort begraben (vgl. S. 77).

b) Der doppelte Messias

.Die Zwillingsthese hat noch einen interessanten Nebenaspekt. Die Vorstellung zweier am Wirken und an der Passion Jesu beteiligter Personen eröffnet eine Möglichkeit zu einem scheinbar ein-

---

[58] Sie tauchte erstmals 1935 in Zeitungsberichten auf (Klatt, Jesus in Indien? a.a.O. S. 105f.) und wurde von der Mahikari-Bewegung aufgenommen (Andris K. Tebecis, Mahikari, Tokyo: Yoko Shuppan 1982, S. 335ff).

leuchtenden Verständnis der zwei Naturen Jesu Christi.[59] So hat schon der Religionsstifter Mani davon gesprochen, daß sein geistiger Zwilling sich anläßlich seines Berufungserlebnisses mit ihm vereinigt habe.[60] Noch früher ist im apokryphen Hebräerevangelium von der Herabkunft einer Geistperson auf Jesus anläßlich der Taufe die Rede.[61] Rudolf Steiner nimmt dieses Motiv in seiner Lehre von den zwei Jesus-Knaben auf („Aus der Akasha-Forschung", siehe S. 71). Ähnlich wie bei Mani vereinigen sich die beiden Personen beim Berufungserlebnis. Diese Vereinigung bildet die Voraussetzung des Messias-Wirkens.

In der These Kamal Salibi's von der arabischen Herkunft Jesu[62] wird diese doppelte Erscheinungsform weiter ausgestaltet und als Beleg für die Existenz zweier getrennter Personen zu verschiedenen Zeiten interpretiert: Um 100 v.Chr. lebte auf der arabischen Halbinsel ein Prophet namens Issa, welcher mit seiner liberalen Auslegung der mosaischen Gesetze die Sekte der Nazarener gründete.[63] Rund ein Jahrhundert später habe dann Jeshu der Nazarener (nach Mt 2,23) eine Revitalisierung dieser Sekte angeführt.

Solche Ausführungen mögen sich zwar auf Aussagen über Jesus stützen, wie sie z.B. im Talmud überliefert wurden. Doch erstens geht die christliche Überlieferung auf Paulus, die Evangelisten und die übrigen Apostel zurück und steht den tatsächlichen Ereignissen damit näher. Zweitens handelt es sich im Talmud um verstreute Zitate zur Veranschaulichung rabbinischer Lehren - nicht um klare Aussagen zur Biographie Jesu. Und drittens ist die Absicht, Jesus in antiwestlicher und antichristlicher Weise zu arabisieren, aus dem betreffenden Buch zu deutlich erkennbar.

---

[59] Christus ist gleichzeitig wahrer Gott und wahrer Mensch, wie es das 4. ökumenische Konzil von Chalcedon (451) formulierte.

[60] E. Rose, Die manichäische Christologie. Wiesbaden: Harrassowitz. 1979, S. 35, 43.

[61] Hennecke, Neutestamentliche Apokryphen Bd.I, S. 146 Fragment 2.

[62] Kamal Salibi, Conspiracy in Jerusalem - the hidden origins of Jesus. London: I.B.Tauris & Co. 1988.

[63] A.a.O. S.75; Salibi nimmt eine Zeitangabe des Talmud auf, die Rabbi Jehoshua ben Perachiah aus der Zeit des Alexander Jannai (103-76 v.Chr.) als Lehrer Jesu bezeichnet.

c) Tod oder Scheintod

Im Grunde bekunden alle diese Überlieferungen einfach Mühe mit dem Gott am Kreuz. Die Aufklärung mit ihrem Bestreben, die christliche Überlieferung rational faßbar zu machen, förderte die Theorie des Scheintodes. Sie brachte dabei die weiter oben besprochenen Verbindungen Jesu zu den Essenern ins Spiel und ließ deren ins Wunderbare erhöhte Heilkünste zur Anwendung kommen. Friedrich D.E. Schleiermacher (1768-1834) stellte als wunderkritischer Theologe Überlegungen an, inwieweit „es etwas natürliches und der Sache gemäßes sei"[64], was da beim Sterben Jesu ablief, ohne sich allerdings auf eine bestimmte Antwort festzulegen. Vor ihm hatte bereits Karl F. Bahrdt (1741-92) klar dafür plädiert, daß Jesus die Kreuzigung überlebt habe - nicht zuletzt deswegen, weil die Essener von Kind an ihre Hand über ihn gehalten und ihn nach der Passion gesundgepflegt hätten (vgl. S. 39). Darauf habe er vom zentralen Ordenssitz der Essener aus die Verbreitung des entstehenden Christentums geleitet. Diese Lebensgeschichte nahm Karl H.G. Venturini (1768-1849) in seinem romanhaften Werk „Natürliche Geschichte des großen Propheten von Nazareth" auf. Sie bildet wiederum, bis hin zur Übereinstimmung ganzer Passagen, das Vorbild des Essäer Briefes und damit des sogenannten „Ur-Evangeliums der Essäer" (S. 44).

Mirza Ghulam Ahmad (1839-1908), der Gründer der pakistanischen Ahmadiyya-Mission des Islam[65], verband die Legende vom Überleben des Kreuzes mit dem sogenannten „Jesusgrab in Kashmir". Ghulam Ahmad hatte sich mit seiner These, Jesus habe die Kreuzigung tatsächlich erlitten, sie aber überlebt, bereits vom

---

[64] Das Leben Jesu, aus Schleiermachers handschriftlichem Nachlasse und Nachschriften seiner Zuhörer, hrsg. von K.A. Rütenik, Berlin: Reimer 1864, S. 442.

[65] Die Ahmadiyya wird vom orthodoxen Islam nicht anerkannt, u.a. da Ahmad sich als Propheten, Mahdi (und wiedergekehrten Christus) und damit als Nachfolger und Vollender Muhammad's bezeichnet, was für Anhänger der orthodoxen Lehre geradezu eine Gotteslästerung darstellt (vgl. F. Ficicchia, Ahmadiya, in: H. Waldenfels, Lexikon der Religionen, Freiburg: Herder, 2. Aufl. 1988, S. 13f.; P. Heine, Ahmadiyya, in: A.Th. Khoury, L. Hagemann, P. Heine, Islam-Lexikon, Freiburg: Herder 1991, Bd. I S. 52f.; als Quelle: S.N. Ahmad, Ahmadiyya - eine islamische Bewegung, Frankfurt a.M.: Verlag Der Islam 1978).

orthodoxen Islam entfernt.[66] Er entwickelte nun anhand einer Stelle des Koran[67], die er auf Kashmir bezog, aufgrund nachösterlicher Reisemotive (v.a. der apokryphen Thomasakten, welche die Reise des Apostels nach Asien beschreiben) und der Idee von Notowitsch (siehe S. 62), dessen Schrift ihm bekannt war, die These vom Jesusgrab in Kashmir. In einer Legendensammlung hatte er nämlich den Hinweis gefunden, daß ein Heiliger namens Budasaf (was er als „Yuz Asaf" las) nach Kashmir gekommen und dort gestorben sei. Er identifizierte Yuz Asaf mit Jesus und fand das Grab „durch Inspiration" in der Stadt Srinagar, deren alter Name Kashmir ist.

Das angebliche Jesusgrab, welches die einheimischen Touristenführer natürlich gern zeigen, ist allerdings das Grab eines buddhistischen Heiligen.[68]

d) Das „Turiner Grabtuch"

Auch ein weiterer „handfester" Beweis, aus dem immer wieder mit akribischer Genauigkeit Indizien für das Überleben Jesu am Kreuz herausgelesen wurden, ist unbrauchbar geworden: Das Turiner Grabtuch wurde aufgrund von Radiokarbon-Tests eindeutig in das 13. Jahrhundert datiert. Damit sind die Versuche etwa eines Hans Naber (alias John Reban alias Kurt Berna) umsonst gewesen, der die Propagierung der „Reliquie" als Beweis für die Wahrheit seiner Offenbarung zu seinem Lebenswerk gemacht hat: Eine Vision ließ ihn 1947 während sieben vollkommen schlaflosen Tagen und Nächten die Ereignisse von

---

[66] Zur Erinnerung: Der orthodoxe Islam lehrt, daß der von Allah besonders ausgewählte Prophet Jesus *nicht* gekreuzigt, sondern vorher entrückt wurde.

[67] Sure 23,51: „Und wir machten den Sohn der Maria und seine Mutter zu einem Zeichen und gaben beiden einen erhabenen Ort, welcher Sicherheit und frische Wasserquellen gewährt, zum Aufenthalt."(nach der Übertragung von L. Ullmann, München: Goldmann 1959). Nach trad. Auslegung ist dort Jerusalem, Palästina, Damaskus oder Ägypten gemeint.

[68] Günter Grönbold (Jesus in Indien - das Ende einer Legende, München: Kösel 1985) weist die linguistischen Verirrrungen Ahmads bei der Gleichsetzung von Yuz Asaf (dem Namen auf dem Grab) mit Jesus überzeugend nach: Der angebliche Name Jesu ist eine arabisch-persische Verballhornung des buddhistischen Titels „Bodhisattva".

Golgatha wie im Film erleben. Jesus selbst diktierte ihm eine Offenbarung, die im wesentlichen festhält, daß seine Auferstehung ein natürliches Erwachen aus der Bewußtlosigkeit gewesen sei.[69] Auf einer Abbildung des Turiner Grabtuches hatte Naber 1948 den ihm erschienenen Jesus wiedererkannt.

In jüngster Zeit sind zwei Publikationen erschienen, welche die Datierung des Grabtuches als großangelegtes Komplott des Vatikans bezeichnen.[70] Nach diesen Aussagen soll einerseits das Grabtuch eben doch echt sein, das heißt aus den ersten Jahrzehnten des 1. Jh. stammen (woraus gefolgert wird, daß es das Grabtuch Jesu sei). Andererseits soll es nach wie vor den Beweis dafür darstellen, daß Jesus die Kreuzigung überlebte. Die betreffenden Autoren haben in bisherigen Veröffentlichungen zum Thema Jesus wenig Seriosität gezeigt. Ihre Versuche, alles Wunderbare an Jesus als natürlich und vernünftig wegzuerklären, beruhen z.T. auf sehr gesuchten Gedankengängen und einem reichlich willkürlichen, alle methodische Sorgfalt vermissen lassenden Umgang mit den alten Texten. Zwar werfen sie den Kirchen Spekulation und zensierende Interpretation der biblischen Texte vor. Selbst springen sie jedoch ohne erkennbare Begründungen zwischen psychologischen und symbolischen Deutungen, wörtlichem Textverständnis, historisch-kritischer Auslegung und reiner Spekulation hin und her. Auch ihre Abhandlungen über das Grabtuch lassen allzu deutlich erkennen, daß die verwendeten biblischen Texte lediglich zum Beweis vorgefaßter Meinungen herangezogen werden, wobei man die Indizien mit der jeweils passenden Methode aus den Versen herausholt. Ebenso werden die verwendeten Schilderungen der wissenschaftlichen Untersuchungen des Grabtuches und deren Ergebnisse bearbeitet. Gleich wie im Fall der Qumran-Rollen (vgl. S. 40) werden einige Besonderheiten zum Anlaß genommen, um daraus einmal mehr antikirchliche und insb. antivatikanische Argumente zu ge-

---

[69] Das fünfte Evangelium - der Tatsachenbericht nach zwei Jahrtausenden, Stuttgart: Hans Naber Verlag 1954.

[70] Karl Herbst, Kriminalfall Golgatha. Der Vatikan, das Turiner Grabtuch und der wirkliche Jesus, Düsseldorf: Econ 1992; Holger Kersten/Elmar R. Gruber, Das Jesus Komplott, München: A. Langen/G. Müller Verlag 1992.

winnen - für die zur Zeit leicht eine willige, unkritische Leserschaft zu finden ist.

e) Das Ärgernis „Kreuz"

Vermutlich wird es immer wieder Menschen geben, die einen angeblichen „Beweis" für das Überleben Jesu zu erbringen versuchen. Als Kuriosum sei nur noch der Brief des 80jährigen Jesus von der Festung Massada erwähnt (siehe S. 108). Denn das Leiden und Sterben Jesu ist *das* Mysterium des christlichen Glaubens, welches Anstoß erregte und erregt. Gerade die vernunftbetonte griechische Philosophie, und erst recht die Zeit der Aufklärung mußten sich mit diesem Ereignis schwertun, das mit der Vernunft allein eben nicht zu begreifen ist. Und wie schon damals der Sieg Gottes durch seine Schwachheit nicht verstanden wurde, so tut sich auch der heutige Mensch, der auf Erkenntnis und Fortschritt hin erzogen ist, schwer mit der Akzeptanz von Leiden. Die Scheintod-These bietet einen möglichen Ausweg und wird wohl deswegen immer und immer wieder - zum Teil in den kuriosesten Verbindungen - verwendet.[71] Selbst Franz Alt greift sie in seinem Bestseller über Jesus[72] auf - allerdings ohne stichhaltigere Belege anzuführen, als daß Kreuzigung und Auferstehung „primitiver Hokuspokus" seien, den der „liebende Vater ... nicht nötig hat". Und doch lassen sich solche Aussagen meist leicht auf die Quellen aus dem letzten Jahrhundert zurückführen, die bewußt oder unbewußt, mittelbar oder direkt, abgeschrieben werden. Diese Quellen sind zwar historisch falsch, zeigen aber geistesgeschichtlich eine Verbindung mit Sonderlehren gnostischer Richtung aus der Zeit des frühen Christentums. Diese wollten allerdings keine Beweise gegen den Kreuzestod ins Feld führen, sondern Heilslehren sein. Und es ist daher angebracht, mit der Heilslehre auf die Scheintod-These zu antworten: Der Kreuzestod Jesu ist kein Sühneopfer für einen rachedurstigen, blutrünstigen Gott, der in der heutigen Welt nicht mehr verstanden wird. Er ist die folgerichtige, geschichtliche Handlung des grenzenlos liebenden

---

[71] S. Obermeier, Starb Jesus in Kashmir ?, Düsseldorf: Econ 2. Aufl. 1983.

[72] Jesus - der erste neue Mann, München: Piper 1989.

Gottes, der den Menschen auch bis in die tiefsten Abgründe ihres Daseins hinein nahesein will und deshalb auf sein Gott-sein verzichtete (Phil 2,5-11). Aus Liebe zu den Menschen, denen er nahe sein wollte, verzichtete Jesus auf seine Macht und liebte sich zu Tode (vgl. Joh 15,13); er praktizierte die Liebe Gottes so konsequent, daß er aus Liebe sogar den Tod auf sich nahm. Erst der wahre, tatsächliche Tod macht aber die wahre, tatsächliche Auferstehung möglich. Wenn die Liebe - verkörpert in Jesus - auferstehen kann, so erwartet den Menschen jenseits des Todes in der Zeitlosigkeit der liebende Gott, der uns und unserem Leben gerecht wird. Wenn Jesus aber nicht gestorben wäre, so hätte er uns auch nicht diese Hoffnung vermittelt, sondern einfach einen weiteren religiösen Weg, den wir selbst gehen müssen. Dann wäre uns Gott nicht bis zu den Grenzen unseres Daseins nahegekommen (vgl. 1Kor 15).

6. Das „Evangelium des Judas Ischarioth"

Eines der neuesten unter den „Evangelien", die beanspruchen auf einem antiken Manuskript zu beruhen, wurde 1975 unter dem Titel „Talmud Immanuel" von Eduard „Billy" Meier in der Schweiz veröffentlicht.[73] Er will es 1963 „in Form von in Harz gegossenen Schriftrollen" in „der wirklichen Grabhöhle" bei Jerusalem gefunden haben. Letztere habe der griechisch-katholische Priester Isa Rashid entdeckt, der auch die Übersetzung vom Aramäischen ins Deutsche besorgte. Die 36 Kapitel seien aber nur ein Viertel des gesamten Materials. Rest und Original seien von israelischen Militärs zerstört worden, als sie des Manuskriptes wegen (!) ein Flüchtlingslager im Libanon überfielen. Rashid selbst konnte dabei mit knapper Not entkommen, wurde aber später ermordet.

Jesus stammt nach den Informationen dieses Fundes von Außerirdischen aus der Sterngruppe der Plejaden im Sternbild Stier ab. Er wurde von ihnen unterwiesen, lehrte Naturerkenntnis und den Weg des Geistes zur Allmacht (Kap. 4).

„12. ‚Mein Geist, der du bist in Allmacht.

13. Dein Name sei geheiligt.

14. Dein Reich inkarniere sich in mir.

15. Deine Kraft entfalte sich in mir, auf Erden und in den Himmeln.

16. Mein tägliches Brot gib mir heute, so ich erkenne meine Schuld, und ich erkenne die Wahrheit.

17. Und führe mich nicht in Versuchung und Verwirrung, sondern erlöse mich vom Irrtum.

18. Denn dein ist das Reich in mir und die Kraft und das Wissen in Ewigkeit. Amen.'"

---

[73] D.h. es klingt nur dem Namen nach an das von Irenäus bezeugte, nicht mehr erhaltene apokryphe Evangelium des Judas an; alle Informationen und Zitate stammen aus dem „Talmud Jmmanuel - die Lehren Jmmanuels alias Jesus Christus. Erstübersetzung einer aramäischen Originalschrift des Jmmanuel-Jüngers Judas Ischarioth. Aufgefunden im Jahre 1963 in der wirklichen Grabhöhle Jmmanuels durch Eduard Albert Meier genannt Billy und übersetzt in die deutsche Sprache durch Isa Rashid", Hinterschmidrüti: Frei Interessengemeinschaft für Grenz- und Geisteswissenschaften und Ufologiestudien 1991.

Die Bergpredigt mitsamt dem Vaterunser (Kap. 5) tönt ganz anders als im Neuen Testament. Hier wird der Menschengeist selbst verehrt, der das absolute Wissen erlangen kann - aber schließlich ist auch Gott nur

„ein Mensch wie alle Himmelssöhne und die Menschengeschlechter, nur, er ist bewusstseinsmässig ungeheuer viel grösser als sie. Die Schöpfung steht also unmessbar viel höher als Gott, der Herr über Himmelssöhne und Menschengeschlechter, denn die Schöpfung ist das unmessbare Geheimnis." (4,40-41)

Paulus wird vorausgesagt, er werde irre reden und eine falsche Geschichte verkünden. Judas Ischarioth war ein treuer Jünger (anders der verräterische Pharisäersohn Juda Iharioth [sic!]). Die Worte von der Wiedergeburt lehren Reinkarnation, die Abendmahlsworte sind Banalitäten, die zu einer überraschenden Voraussage überleiten:

„40. Da sie aber assen, nahm Jmmanuel das Brot und brach's und gab's den Jüngern und sprach: ‚Nehmet und esset; der Leib bedarf der Nahrung in Not und Trauer also.'
41. Und er nahm den Kelch, gab ihnen den und sprach: ‚Trinket alle daraus; die Kehle dürstet auch dann, so ein Tag voll Regen ist und kalt ...
45. Wenn ich aber aus dem Halbtode und also aus dem Grab scheinbar auferstehe, will ich vor euch hingehen nach Galiläa, so ihr erkennen möget die Wahrheit meiner Worte.'" (Kap. 27)

Jesus teilt Pontius Pilatus noch einiges über seine Studienreisen nach Asien und seinen zukünftigen Aufenthalt in Indien (zusammen mit Thomas) mit. Seinen Jüngern sagt er das Wirken des Propheten Mohammed voraus, dessen Wirken die irrgläubigen Juden strafen werde. Am Kreuz fiel er ins Koma, wurde wie im Essäer-Brief abgenommen und gepflegt, reiste dann nach Indien und starb als geachteter weiser Mann 90jährig in Kashmir. Judas Ischarioth zeichnete die Geschichte auf und sein Sohn brachte das Manuskript nach Palästina in die dortige „Grabstätte" Jesu.

E. Meier (*1937) ist als Inspirator und Leiter einer 1975 gegründeten Gemeinschaft bekannt, welche das Heil für die Welt von seinen Kontakten mit den Plejadiern erwartet. Das „Evangelium" ist demzufolge weit radikaler als alle anderen Neuapokryphen eine von den Evangelien unabhängige, neue Heilsgeschichte unter den alten Namen. Ihr Original ist - wie in anderen Fällen - unauffindbar, der einzige Zeuge und Übersetzer ermordet[74], ein Urtext liegt nicht vor. Das „Manuskript" paßt auffallend zur sonstigen weltanschaulichen Verkündigung Meiers, der einziger Garant des Textes, aber auch der heutigen plejaidschen Botschaften ist. Die Geschichte des Auffindens, Übersetzens und Verschwindens der „Schriftrollen" enthält zudem viele ungereimte Details, was die Glaubwürdigkeit des Textes nicht erhöht. Meier weist zudem selbst darauf hin, daß es nur zu 20% das Werk der Übersetzungsarbeit von I. Rashid ist, während die übrigen 80% (Stil, Satzbau) sein Werk seien. Auf welcher Grundlage konnte er - ohne Aramäischkenntnisse - so massiv in den Text eingreifen?

Was aber an der ganzen Schrift inhaltlich besonders bedenklich stimmt, sind die unverhüllt rassistischen und antisemitischen Aussagen. Einerseits wird den Juden jahrtausendelange Verfolgung und endlich die Strafe nach 2.000 Jahren vorausgesagt, weil sie so hartnäckig an ihrem Glauben, ihrer Besonderheit und ihrer diebischen Praxis (!) festhalten (z.B. 3,16ff, 10,26ff, 30,10ff). Andererseits wird die weiße Rasse als auserwählt und intelligent dargestellt, weil sie von den Himmelssöhnen gezeugt wurde und somit von den alten Erdenmenschen verschieden ist (z.B. 4,27-29)! Solches hat mit dem liebenden und menschennahen Gott Jesu und mit christlichem Glauben überhaupt nichts mehr zu tun, leistet ohnehin bedenklichen Zeiterscheinungen Vorschub und disqualifiziert sich damit selbst.

---

[74] Meier deutet an, er sei von Juden und Kirchen wegen seines Wissens verfolgt und getötet worden (S. 1), er selbst sei seit 1976 schon 13 Anschlägen entgangen (S. 2).

7. „Das Wassermann-Evangelium"

Von außerhalb der Welt, aus der „Akasha-Chronik"[75], stammt auch das folgende Werk[76] des Predigers Levi H. Dowling (geb. 1844). Bereits mit 18 Jahren war er Prediger einer kleinen Kongregation der „Disciples of Christ" in den USA. Später soll er sich der Medizin zugewandt haben. Während 40 Jahren, so heißt es auf dem Klappentext der deutschen Ausgabe, habe er sich auf den Empfang der Botschaft vorbereitet. Was er im ersten Jahrzehnt unseres Jahrhunderts in den noch dunklen, frühen Morgenstunden geschaut hatte, schrieb er zu Beginn des Tages sofort nieder. Er verstand sich als der vorausgesagte Bote, welcher das Buch öffnet, wenn die Welt bereit ist, um „aus ihm die ganze Botschaft von der Liebe und der Reinheit zu entziffern" (Wassermann-Evangelium 7,26). Erstmals publiziert in seinem Todesjahr (1911), erlebte es seither viele Auflagen - deutsch allerdings erst seit 1980.

Das Buch beschreibt in bibelähnlich aufgebauten Kapiteln das Leben Jesu, allerdings mit deutlichen historischen Fehlern. Der Jude Jesus wuchs in Galiläa auf und wurde dort geschult. Mit zwölf Jahren kam er erstmals zum Tempel in Jerusalem, wo ein indischer Prinz auf ihn aufmerksam wurde. Mit diesem reiste er nach Indien, wo er große Eingeweihte traf und von wo aus er über Tibet, Persien, Assyrien, Griechenland und Ägypten (dort erlangte er nach verschiedenen Prüfungen und siebenfältiger Einweihung den Christus-„Grad") wieder nach Palästina kam. Überall wurde er herzlich aufgenommen und führte viele gelehrte Diskussionen.

„**36** In Lhasa, Hauptstadt Tibets, steht ein Meistertempel reich an Manuskripten alter Weisheit.
2 Vidyapati kennt die Mehrzahl der darin enthaltenen geheimen Lehren und hat seinem Freund schon viel davon berichtet. Jesus aber will die Manuskripte selber lesen.

---

[75] Ein in der theosophischen Literatur häufig vorkommender Begriff, der feinstoffliche, nur meditativ erschließbare Archive spirituellen Wissens meint, vgl. R. Steiner, Aus der Akasha-Chronik, Dornach 4. Aufl. 1987. S. 17.

[76] „The Aquarian Gospel of Jesus the Christ". Los Angeles 1911: die englische Ausgabe stand 1977 bereits in der 24. Auflage (Beskow, Strange Tales, a.a.O. S. 126): Das Wassermann-Evangelium. München: Hugendubel Verlag. 2. Aufl. 1981.

3 Meng-ste heißt der weise Oberpriester jenes Tempels.

4 Über Himalayas hohe Pässe führt von Kapivastu aus ein Pfad nach Tibet. Jesus unternimmt die Reise in Begleitung eines treuen Führers. Vidyapati gibt den beiden ein Empfehlungsschreiben an die Priesterschaft von Lhasa mit.

6 Nach vielen Tagen und Beschwerlichkeiten mancher Art, gelangen sie nach Lhasa.

7 Meng-ste öffnet weit der Tempel Tore für den Jüngling der Hebräer, und die Priesterschaft heißt ihn willkommen.

8 Der Zugang zu den heil'gen Schriften ist ihm nicht verwehrt, er liest sie alle.

9 Meng-ste unterhält sich viel mit seinem Gast. Sie reden von der neuen Zeit und von den Zeremonien, die sich für die Menschen jener Zeit am besten eignen könnten."

Auffallen muß hier einerseits die immense Sprachkenntnis, die Jesus mitbringt. Denn er ist fähig, all die alten Texte Südasiens selbst zu lesen. Andererseits erstaunt, wie funktionell und zeitgebunden Priester wie Meng-ste ihre Rituale sehen. Ist mit „jener Zeit" gar das „New Age", das Wassermannzeitalter gemeint? - Jesus lernt in den Gesprächen nicht nur, er gibt auch. Und zum krönenden Abschluß seiner langen Studienreisen anerkennen schließlich die Weisen Ägyptens seine Überlegenheit:

„**55** Die Arbeit Jesu in der Totenkammer ist getan. Im purpurroten Saal des Tempels steht er vor dem Hierophanten.

2 Purpurrot ist sein Gewand. Die Brüder stehen ehrerbietig. Sich erhebend sagt der Meister:

3 ,Heute ist ein königlicher Tag für alle Völker Israels. Wir wollen nun das Passah-Fest zu Ehren dieses auserwählten Sohnes feiern.'

4 Dann zu Jesus hingewendet sagt er: ,Bruder, der du unter allen Menschen ausgezeichnet bist, die Ordensprüfungen hast du bestanden.

5 Sechsmal wurdest Du vor unsern Richterstuhl geleitet. Sechsmal hast du dir die höchste Ehre, die ein Mensch vergeben kann, verdient. Du stehst nun hier, den höchsten Grad der Weihe zu empfangen.

6 Dieses Diadem soll deine Stirne krönen. In der Großen Loge
aller Himmel und der Welt, bist du fortan der Christus.
7 Heute ist dein großes Passah-Fest. Ein Meister bist du nun.
Die Zeit des Lernens ist vorüber. ' "

In seiner Heimat versuchte er im Auftrag eines siebenköpfigen
Rates von Weisen aus Ägypten, den Menschen das geheime, heilbringende Wissen, das sich die Menschen zu erarbeiten haben, zu
vermitteln. Die Schilderung des dreijährigen Wirkens Jesu in
Palästina und manche Lehrtexte lehnen sich (wenn auch mit
deutlichen Abweichungen, man beachte z.B. Vers 9) nah an die
synoptischen Evangelien an:

„**94** ... 7 ‚Unser Vater Gott, der Du im Himmel bist. Geheiligt
sei Dein Name. Kommen wird Dein Reich. Dein Wille soll
geschehen, auf der Erde wie im Himmel.
8 Gib uns heute unser täglich Brot.
9 Und hilf uns zu vergessen, was die anderen uns schuldig
sind, sodaß auch unsere Schuld vergeben werde.
10 Schütze uns vor der Versuchung, wenn wir ihr nicht
widerstehen können.
11 Ist sie allzu groß, dann gib uns Kraft zu überwinden.' "

Schuld an der Verurteilung (wegen Anmaßung und Gotteslästerung) und an der Kreuzigung sind die Pharisäer. Jesu Körper
„transmutierte" nach dem Tod, verstofflichte sich dann wieder und
erschien hinfort in verschiedenen Ländern.
Dowling beansprucht für dieses Evangelium keine schriftliche
Quelle und steht zu seiner visionären Erfahrung. Aber selbst die
„Akasha-Chronik" vermittelt ihm keine sachgerechten Kenntnisse
über die Umwelt Jesu: Der chinesische Philosoph Meng-tse,
welchen Jesus im Kap. 36 trifft (denn dieser ist wohl mit „Meng-
ste" gemeint), lebte um 300 v. Chr.; die Stadt Lahore, die er im 37.
Kap. besucht, gibt es erst seit dem 7. Jahrhundert; Persepolis, in
dem er sich im Kap. 39 aufhält, wurde von Alexander dem Großen
330 v.Chr. vollständig zerstört. Die Einweihung in Ägypten erinnert sehr an Mozarts bzw. Schikaneders „Zauberflöte", die
Symbolik der Werkzeuge im Kap. 20 an die Freimaurerei. Auch
wenn im Gegensatz zu manch anderem Neuapokryphon

Kreuzigung und Auferstehung nicht geleugnet werden, ist das Wassermann-Evangelium doch sicher keine biblische Schrift, da seine Botschaft eine ganz andere ist. Hier ist Jesus ein eingeweihter Meister, der einen Weg geht und ihn später lehrt. Sein Wissen und seine Vollmacht sind erarbeitet, nicht Geschenk oder Bestandteil seines Wesens als Gottessohn. Das Kreuz hat keine Funktion inbezug auf die Erlösung des Menschen, daher kann im Unservater auch nicht um Vergebung gebeten werden.

In jenen Jahren blühten v.a. in esoterisch interessierten Kreisen Geschichten über die geheimen Einweihungen großer Meister. Hermes, Plato, Krishna, Christus, Paracelsus, Buddha und andere werden dabei ohne weiteres auf eine Ebene gestellt. Die in den siebziger Jahren des letzten Jahrhunderts aufkommende Theosophie befaßte sich mit dem Gedanken des „neuen Zeitalters". „Wissen statt Glauben" ist das neue Leitwort (vgl. S. 10), und genau in diesem Sinn, mit dergestalten Lehren präsentiert sich der Jesus des „Wassermann-Zeitalters".

Exkurs V: Indienreisen und Einweihungen

a) „Die Lücke im Leben Jesu" von N. Notowitsch

Es war Nicolaj Aleksandrowitsch Notowitsch, welcher die Idee von der Reise Jesu nach Indien (Tibet, Asien) erstmals bekannt machte. Hier finden wir das Vorbild für die Asienreisen Jesu, die immer wieder in Neuapokryphen und „Enthüllungen" esoterischer Autoren auftauchen. Er stützt sich dabei nach eigener Aussage auf ein tibetisches Manuskript, das ihm - nach einem Unfall auf einer Reise durch Indien und Kashmir 1887 - ein Mönch während der Erholungszeit in einem Kloster in Ladakh vorübersetzt haben soll. Das Manuskript sei eine tibetische Übersetzung einer in Pali gehaltenen Geschichte über „Das Leben des Heiligen Issa" gewesen. Es füllt die „Lücke im Leben Jesu"[77] - um den handelt es sich angeblich - mit einer Reise nach Indien, Tibet und Persien. Dort disputierte er mit den Gelehrten der Religionen und studierte deren heilige Schriften.[78] Anstoß zum Aufbruch war u.a. das Ansinnen der Eltern, eine Ehe vorzubereiten. Die in eher ärmlichen Verhältnissen lebende Familie war für ihre Frömmigkeit mit der Geburt des Auserwählten belohnt worden. Ein reisender Kaufmann (der im „Wassermann-Evangelium" zu einem reisenden Prinzen wurde) nahm ihn mit. Nach der Heimkehr wandte Jesus seine erlernten Wunderfähigkeiten an und lehrt aufgrund seiner Studien des Buddhismus eine Gesinnungs- und Situationsethik, die den Menschen der göttlichen Gunstbezeugungen würdig macht, andererseits aber auch zum Tun des Guten ohne Hoffnung auf Gewinn rät. Der Ablauf der Ereignisse vollzieht sich wie im Neuen Testament beschrieben, d.h. einschließlich der Kreuzigung - auf Betreiben des Pilatus - und des Todes. Etwa vier Jahre später soll diese

---

[77] So der Titel der deutschen Ausgabe von 1894; sie erschien noch im selben Jahr wie die französische Originalausgabe La vie inconnue de Jésus-Christ (Paris: Ollendorf), von der mindestens acht Auflagen innerhalb des einen Jahres abgesetzt wurden; die Übersetzungen in andere Sprachen kommen noch hinzu und zeigen das Aufsehen, welches diese Veröffentlichung erregte.

[78] Dabei bekam er mit den Brahmanen in Indien Streit und mußte nach Tibet fliehen (dt. Ausgabe S.109) - ebenso berichtet es das Wassermann-Evangelium, Kap. 24 + 31.

Geschichte nach Angaben von Augenzeugen aufgeschrieben worden sein, und zwar von buddhistischen Chronisten. Die Pali-Manuskripte sollen dann auf tibetisch übersetzt und Notowitsch in dieser Form vorgelegen sein.[79]

Notowitsch war nachweislich nicht in dem von ihm angegebenen tibetischen Kloster. Zur Zeit Jesu gab es weder Tibet noch die tibetische Schrift. In Tibet und Indien gab es kein Pergament und in Tibet keine gebundenen Bücher. Allein schon diese sachlichen Fehler zeigen die Unhaltbarkeit der Behauptung Notowitschs, er habe eine Schrift aus der frühchristlichen Zeit vorgelegt bekommen. Es ist hingegen durchaus wahrscheinlich, daß er Schriften zu Gesicht bekommen hatte, welche das Christentum in einem indischen Gewand darstellten.[80] Der Arzt, der ihn in Wahrheit behandelte, war kein tibetischer Mönch, sondern ein Herrnhuter. Und Herrnhuter Missionare hatten Evangelien und Bibelteile ins Tibetische übersetzt.[81] Regten ihn solche Vorlagen an oder entsprang diese Idee einfach romantischer Reiseschriftstellerei? Vor der Antwort auf diese Frage müssen wir uns einem näher zu Palästina liegenden Reiseziel zuwenden.

b) Jesus in Ägypten

Die Idee eines „Auslandaufenthaltes Jesu" war nämlich schon in der Antike bekannt. Schließlich mußte die Familie ja nach Ägypten fliehen (Mt 2,13ff). Matthäus selbst erklärt, solches sei zur Erfüllung der Schrift notwendig gewesen (2,15). Nichtsdestowe-

---

[79] Schon ein Jahr nach der Veröffentlichung wurde Notowitsch's Büchlein als Fälschung entlarvt (siehe hierzu die Darstellungen und Argumente in Günter Grönbold, Jesus in Indien, München: Kösel 1985, und N. Klatt, Jesus in Indien? a.a.O.; ders. Jesus in Indien? - Nikolaus Alexandrovitch Notovitchs ,Unbekanntes Leben Jesu', sein Leben und seine Indienreise, EZW-Texte Orientierungen und Berichte Nr. 13, Stuttgart 1986), doch 1926 erregte eine neue Ausgabe des Buches (New York: Fenno) wiederum Aufsehen - die Kritik war vergessen.

[80] So z.B. „L'Ezour-Vedam" (Tome I+II, Yverdon 1778), eine von französischen Missionaren in Südindien im klassischen Stil des Zwiegesprächs zwischen Guru und Schüler verfaßte Schrift, welche christliche Lehren in einem den Hindus vertrauten Stil darstellen soll (Grönbold, Jesus in Indien, S. 38f).

[81] Diese Information verdanke ich Dr. G. Grönbold.

niger ist schon bald versucht worden, die fehlenden Angaben über den Aufenthalt in Ägypten zu ergänzen. Dies geschah nicht nur in Form von legendarischen Erzählungen der Kindheitsevangelien, die außer einigen auf die wahre Natur Jesu hinweisenden Wundertaten keine weiteren Verbindungen zu seinem späteren Wirken herstellen. Es wurde auch ein Aufenthaltsort angegeben, der in Esoteriker-Kreisen als Quelle von Wissen und Einweihung gilt: Heliopolis im Nildelta.

Nach solchen Hinweisen und unter Berücksichtigung der Tatsache, daß Ägypten damals als einer der Horte des Wissens und magischer Kenntnisse galt, kann es nicht erstaunen, daß die talmudische Überlieferung Jesus dort lernen läßt.[82] Die paranormalen Fähigkeiten Jesu wurden von den Rabbinern nicht bestritten, aber auf magische - und somit höchstwahrscheinlich in Ägypten erworbene - Kenntnisse zurückgeführt. Diese Idee ist einerseits ein Ansatz zur Vorstellung von weitergehenden Auslandaufenthalten Jesu, andererseits wird Ägypten regelmäßig auch bei ausgedehnteren Reisedarstellungen in anderen Neuapokryphen als Station erwähnt (Ägypten als „Land der Eingeweihten" ist in esoterischen Kreisen noch heute aktuell). Schließlich ergibt sich über solche Vorstellungen eine der möglichen Brücken zur anderen Theorie einer esoterischen Ausbildung Jesu, der Ausbildung bei den Essenern: Der Essäer Brief beansprucht, in Ägypten gefunden worden zu sein und die Essener hatten ja ihre Ableger dort (vgl. S. 44).

c) Jesu Lehr- und Wanderjahre – wozu?

Durch die Reisen in Richtung Ägypten und Asien wird Jesus einerseits - für den Esoteriker - mit den alten Traditionen der Eingeweihten beider Weltregionen verknüpft. Für die jüdische Talmud-Überlieferung werden seine Besonderheiten so auf nicht-jüdische Quellen zurückgeführt und derart ausgegrenzt. Die Reisen in den Osten sind einerseits eine Erweiterung des Ägyptenaufenthaltes. Andererseits ist bereits in den apokryphen Thomasakten

---

[82] Schlichting, Günter. Ein jüdisches Leben Jesu, Tübingen: Mohr. 1982, S. 95; auch der Kirchenvater Origines berichtet von solchen Argumenten gegen das Christentum (Origenes, Contra Celsum I,28).

64

eine Orientierung Jesu (auch) nach Osten erkenntlich. Jesus sendet Judas Thomas ausdrücklich nach Indien, sogar gegen dessen Willen. Zudem begleitet er dessen Mission durch Eingebungen, tatkräftige Unterstützung und Erscheinungen.

Nachdem auch noch über Thomas ausgesagt wird, er sei ein Zwillingsbruder des Christus, erstaunt es nicht mehr, daß aus diesen Berichten die Idee entwickelt wurde, Jesus selbst sei mit dem Apostel nach und in Indien unterwegs gewesen.[83] Diese Überlieferung entstand im Raum Ostsyrien, einer Region, die gute Verbindungen nach Indien pflegte. Auch über den Manichäismus (vgl. S. 19) gelangten Elemente der Jesus-Traditionen nach Asien. Mani selbst sah sich als „Zwilling" Jesu, nachdem dieser ihm als Zwölfjährigem erschienen war. Mit ihm gelangten Bruchstücke christlicher Überlieferungen bis nach China und Tibet. Dort waren ab dem 7. Jh. auch nestorianische Missionare aktiv. Nach dem Abbruch der Beziehungen zu diesen Regionen durch das Vordringen des Islam verselbständigten sich solche Traditionsbestandteile. Ihr Vorhandensein und die Entdeckung von Christen und christlicher Relikte[84] mußten den Europäern, welche den Weg der Kirche nach Asien vergessen hatten, höchst wunderbar erscheinen, so daß Spekulationen eine natürliche Folge waren.

Doch auch im Westen blieb das Motiv der „Ostkontakte" Jesu in der apokryphen Überlieferung präsent. Der Kirchenvater Eusebius berichtet von einem angeblichen Briefwechsel Jesu mit König Abgar von Edessa (antiker Staat im Grenzgebiet Türkei/Syrien). Der persische Geschichtsschreiber Mirkhond (1432-98) machte aus dieser Legende einen Besuch Jesu in Damaskus (vor der Passion) - unter anderem stellt er sie in Zusammenhang mit der Bekehrungserfahrung des Paulus.[85]

---

[83] Laut Khwaja N. Ahmad, einem Exponenten der Ahmadiyya-Mission (vgl. S. 50), traf sich Jesus mit Thomas in Taxila - dort ausgegrabene Skulpturen sollen Jesus zeigen (!) (Jesus in Heaven on Hearth, Lahore/Woking: A. Manzil & Woking Muslim Mission. 1972, S. 352f., Tafel S.348f).

[84] Z.B. durch Marco Polo und Odoric von Pordenone; Kreuze in Ladakh, Stele mit christlichen Texten von Hsi-an/Sianfu.

[85] Damaskus wurde auch mit den Essenern in Verbindung gebracht, nachdem 1896 bei Ausgrabungen in Alt-Kairo eine essenische „Damaskus-Schrift" zum Vorschein kam, welche es als möglich erscheinen ließ, daß es in oder um Damaskus eine Essener-

Anfangs des 3. Jahrhunderts veröffentlichte Flavius Philostratos eine Biographie des Wundermannes Apollonios von Tyana.[86] Er wird als ein Zeitgenosse Jesu dargestellt und sein Lebenslauf zeigt manche Ähnlichkeit mit demjenigen Christi: Nach einer wunderbaren Geburt und einer auf seine spätere Größe hinweisenden Kindheit vertiefte er sich schon als Jugendlicher in die Philosophie und wurde später zu einem weithin bekannten Propheten, Heiler und Ratgeber, in den Augen seiner Biographen sogar zu einem übermenschlichen Heilsbringer, der z.B. im Ephesos des 2. Jh. als Nothelfer angesehen wurde. Er wird als einfach gekleideter, langhaariger und barfuß gehender Vegetarier beschrieben. Interessant ist, daß es auch bei Apollonios eine zeitliche Lücke zwischen Jugend und Wirkungszeit gibt. Vor dem Beginn seines öffentlichen Auftretens soll er aber eine Indienreise unternommen haben, welche durch die Möglichkeit der Begegnung mit den Weisen Indiens den letzten Abschnitt seiner Erziehung zum Eingeweihten darstellte: In Indien ließ sich Apollonios die Lehre von der Seelenwanderung und vom göttlichen Kern des Menschen im Gefängnis des Leibes bestätigen, die er bereits in der griechischen Philosophenschule der Pythagoräer vernommen hatte. Die Befreiung des eigentlichen Selbst geschieht durch Einhalten von Regeln wie Enthaltsamkeit, Keuschheit und Verzicht auf Privateigentum. Der Wundermann kam dazu, sich selbst als einen Abgesandten der Gottheit zu verstehen. Gegen Ende seines Lebens hatte er eine gerichtliche Auseinandersetzung mit dem römischen Kaiser Domitian auszustehen. Sein Tod wird als Entrückung beschrieben, auch an eine Art Auferstehung erinnernde Zeugnisse gibt es.

Bereits in der Antike wurden Parallelen zwischen Christus und Apollonios gezogen. Zudem entsprach er dem Bild der damaligen Geschichtsschreiber von den Essenern. Und er hatte sein Wissen aus einer einleuchtenden Quelle, die ihn erst zum Wirken als Heilbringer befähigte.

---

gemeinschaft gegeben habe. Nachdem Jesus mit Essenern in Verbindung gebracht wurde, war auch das paulinische Bekehrungserlebnis eine Hinwendung zum Essenertum (Klatt, Jesus in Indien? a.a.O., S. 67).

[86] Philostratus, Das Leben des Apollonios von Tyana, erläutert von V. Mumprecht, München 1983.

Die Schrift über Apollonios wurde im letzten Jahrhundert viel gelesen und diskutiert.[87] Die Parallelen zu Notowitsch und anderen Reisedarstellungen sind augenfällig, die Anklänge an die Essenervorstellung des 19. Jahrhunderts mögen auch andere zu einer Verbindung der Reise- und der Essenertheorien inspiriert haben. Daß Apollonios Vegetarier war, kam den damals aufkeimenden Vorstellungen von gesundem Leben und Tierschutz entgegen. Gleicherweise entsprach die Vorstellung der Indienreise Jesu und seiner Beschäftigung mit dem uralten Wissen Asiens der romantischen Verklärung des Ostens:

Einige Autoren gingen dabei so weit, Sanskrit als Mutter aller Sprachen, die indisch-vedische Religion als Mutter aller (oder zumindst aller arischen) Religion, die indische Philosophie als Quelle aller westlichen Philosophie zu beschreiben. Dabei gab es auch Versuche, das Christentum auf einen indischen Ursprung zurückzuführen. Zudem wurde behauptet, der Name Christus sei identisch mit dem des indischen Gottes Krishna, der auch Krishto gesprochen werde - diese These wird zum Teil heute noch, z.B. von der Hare Krishna-Bewegung, vertreten.[88] Wissenschaftlichen Anspruch auf die Erkenntnis der Identität Christus-Krishna erhob dann L. Jacolliot (1837-1890), der drei Jahre als Richter in Indien gearbeitet hatte. Er führte auch andere biblische und mythologische Gestalten auf indische Ursprünge zurück - seine Hypothesen sind allerdings unhaltbar und entsprangen dem damaligen verklärten Indienbild und der in Mode kommenden Mythenforschung. Er nahm 1868 an, Jesus habe indische Weisheit in Ägypten (!) studiert - wenn nicht in Indien selbst.[89] Eine Annahme, die später zur Gewißheit ausformuliert wurde. Jacolliot's Schriften wurden verschiedentlich wieder aufgegriffen. Das Buch von Notowitsch erinnert an auffallend vielen Stellen an seine Angaben.[90] Schließlich griffen sogar die Nationalsozialisten auf ihn zurück,

---

[87] Deutsch z.B. die erläuterte Übersetzung von E. Baltzer, Rudolstadt: Hartung & Sohn 1883.

[88] Bhaktivedanta Swami Prabhupada, Die Schönheit des Selbst, Vaduz: Bhaktivedanta Book Trust 1988, S. 103.

[89] La Bible dans l'Inde - la vie de Jezeus Christna, Paris 1868.

[90] Grönbold, Jesus in Indien, S. 41.

welche die Evangelien als gestohlene und verdrehte Darstellung indisch-arischen Kulturgutes zerzausten.

Von Jacolliot aus spannen sich - zusätzlich zu der Diskussion um Apollonios - die Fäden zu Notowitsch und den später entstandenen Neuapokryphen. Die Theorie der Studienreisen nach Asien wurde ausgestaltet. Sie gelangte über Notowitsch paradoxerweise ihrerseits wieder nach Asien zu Ghulam Ahmad und der von ihm begründeten Ahmadiyya-Mission. Ahmad verwertete die fiktive Jesusbiographie offensichtlich in seiner 1899 erschienen Schrift „Der Messias in Indien". Nun wurde die Theorie des „Jesus in Indien" von esoterischen - und vor allem von theosophisch orientierten - Kreisen aufgegriffen und floß in die jetzt in rascher Folge erscheinenden Neuapokryphen ein.

Doch erst die Nachfolger von Ghulam Ahmad, insbesondere Khwaja N. Ahmad, fügten die von Notowitsch beschriebenen Lehrjahre Jesu in Indien und Tibet in stimmiger Weise mit der Legende vom Jesus-Grab in Kashmir zusammen. Diese Jesusbiographie mit zwei Asienreisen - eine vor und eine nach der Kreuzigung - bildet die Grundlage des modernen Schrifttums zum esoterischen Jesus, aber auch der japanischen Version (S. 48).

Ein weiteres befruchtendes Element war dabei die Beschreibung des Erscheinens Jesu in Amerika durch die Mormonen und die theosophische Ansicht, daß Jesus ein Mitglied der verborgenen „Großen Weißen Bruderschaft" sein müsse, von der die heutigen Eingeweihten ihr Wissen beziehen (zum Beispiel die Gründerin der Theosophischen Gesellschaft, H.P. Blavatsky und ihre Nachfolger - die Vorstellung des geheimen (ägyptischen) Priesterordens ist auch aus Schikaneders/Mozarts Zauberflöte bekannt).

Zu alldem ist zu sagen, daß die Bibelforschung und die Archäologie bis heute nicht den leisesten ernstzunehmenden Hinweis für solche „Studienreisen" Jesu gefunden haben. Man mag mit „Unterdrückung von Fakten" und dem Hinweis auf eine gewisse „Betriebsblindheit" antworten - die Beweise für die Reisen hätten jedoch kaum über Jahrhunderte hinweg versteckt werden können. Diejenigen „Beweise", welche vorliegen, beruhen auf recht deutlich identifizierbaren, aber ebenso deutlich zweifelhaften Quellen.

Und doch - selbst wenn Jesus in den Jahren, über welche uns die Bibel nichts berichtet, Reisen unternommen hätte - was wäre damit gewonnen? Seine Mission erfüllt sich nicht in dem, was er - von welchen Menschen auch immer - gelernt hatte. Jesus brauchte zur Erfüllung seiner Sendung keine besonderen Einweihungen und Leistungsausweise über seine jüdische Erziehung (vgl. S. 118) hinaus. Denn die Erfüllung war und ist *er selbst* durch sein Leben und Sterben auf dieser Erde. Er mag religiöse Wege und Wahrheiten kennengelernt haben - warum auch nicht? Doch sicher nicht, um diese dann verändert oder unverändert vorzuleben und weiterzugeben. Denn er selbst *ist* der Weg, der Wahrheit und Leben bedeutet. Das heißt, er will im wesentlichen keinen Weg lehren, den Menschen gehen sollen, sondern er will Menschen zu sich - und damit zu Gott - in Beziehung setzen. Das wiederum bedeutet, daß mit all den geheimen „Erkenntnissen" über Jesu Einweihungswege in Bezug auf die Liebe und Nähe Gottes zum Menschen überhaupt nichts gewonnen ist.

8. „Das mystische Leben Jesu"

Die Vorstellung einer Reise zu den Eingeweihten, die zum Erlangen eines bestimmten Grades der Weisheit oder Einweihung nötig ist, taucht z.B. im Leben des geheimnisvollen Alchemisten und Grafen St. Germain (18. Jahrhundert?) auf, der wie Jesus zu den „aufgefahrenen Meistern" der „Großen Weißen Bruderschaft" gehören soll. Sie bildet auch ein Element der Lebensgeschichte von Christian Rosencreutz (15. Jahrhundert?), dem legendären Gründer der Rosenkreuzer, die ihr Geheimwissen wiederum auf die Priesterbruderschaft des alten Ägypten zurückführen. H. Spencer Lewis, der Initiator einer der modernen Rosenkreuzer-Gemeinschaften („Antiquus Mysticus Ordo Rosae Crucis" AMORC) schrieb 1929 einen „erstaunlichen Bericht über die bekannten und unbekannten Zeitabschnitte aus dem Leben des Großen Meisters"[91]. Im Vorwort weist Lewis auf frühere Publikationen über verborgene Seiten des Lebens Jesu hin, allerdings mit kritischen Hinweisen auf deren Widersprüchlichkeit.[92] Er glaubt auch nicht an die Echtheit der ihnen allenfalls zugrundeliegenden Urkunden. Seine eigenen Angaben seien nicht auf solche Quellen zurückzuführen und auch nicht neu, sondern bereits der Alten Kirche bekannt gewesen. Sie seien in denjenigen Dokumenten der Essener, Nazarener und der „Großen Weißen Bruderschaft" zu finden, welche in den Archiven der Rosenkreuzer in den USA aufbewahrt würden.

Die Galiläer waren nach seinem Bericht ein nichtjüdisches Volk und Jesus der Abstammung nach ein vornehmer „ägyptischer Arier" (!). Im Augenblick der Geburt wurde er durch Herabkunft des kosmischen Lichtes erwählt. Von Essenern betreut und geschult wuchs er heran und erhielt die Priestereinweihung. Während einer Studienreise nach Indien wurde er in den geheimen

---

[91] So der Untertitel des 1929 im kalifornischen San José unter der Ägide der Rosenkreuzer (A.M.O.R.C.) erschienenen Buches; die deutsche Ausgabe kam 1975 heraus (San José (CA): Supreme Grandlodge of AMORC.).

[92] Das einzig Zuverlässige dieser Broschüren sei auf die Entdeckung einiger heiliger Bücher des Altertums mit zufällig enthaltenen Berichten über Begebenheiten aus dem Leben Jesu zurückzuführen, die bei den ersten Bibelübersetzungen von der kirchlichen Hierarchie verworfen worden seien (deutsche Ausgabe 1975, S. 16).

Priesterstand aufgenommen. Nach seiner Rückreise über Persien, Syrien, Griechenland und Ägypten erhielt er den Titel „Rabbi", wurde getauft und bekam den Christus-„Grad". Er verkündete eine esoterisch-buddhistische Geheimlehre, wurde von Pilatus verurteilt und starb am Kreuz - scheinbar. Seine essenischen Brüder pflegten den Scheintoten wieder gesund. Er verbrachte noch eine Zeit im Essener-Kloster auf dem Karmel, von wo aus er seine Jünger einige Male besuchte.

Diese Schilderung liest sich, wie wenn das „Wassermann-Evangelium" mit dem „Essäer Brief" verbunden worden wäre. Die Parallelen sind augenfällig. Das Wassermann-Evangelium wiederum liest sich wie eine Erweiterung der Geschichte von N. Notowitsch. Eine solche Abhängigkeit ist angesichts der raschen Verbreitung von neuen esoterischen Schriften innerhalb der interessierten Kreise durchaus plausibel, zumal wenn wir die Erscheinungsjahre der einzelnen Schriften berücksichtigen. Die Archive der Rosenkreuzer, auf welche sich Lewis beruft, hat noch kein Bibelkundler prüfen können. Und die Schilderung der angeblichen Abstammung Jesu weist Parallen zur ebenfalls schon vorher formulierten Theorie der Mazdaznan-Bewegung (S. 31) auf, welche sich ja gleichermaßen auf ihre eigenen Archive beruft. Angesichts der schon an den erwähnten Stellen besprochenen Unstimmigkeiten dieser Quellen erübrigt sich eine weitere Qualifizierung dieser Beschreibung Jesu. Die verschiedenen Elemente werden nicht wahrer, indem sie immer wieder abgeschrieben und neu zusammengestellt werden.

9. Das „fünfte Evangelium" nach Rudolf Steiner

Mit der Abstammung Jesu befaßt sich auch ein „Fünftes Evangelium", welches gleich dem „Wassermann-Evangelium" aus der Akasha-Chronik stammen soll und doch das Leben und Wirken Jesu ganz anders darstellt als jenes (vgl. S. 58). Erst in zweiter Linie beansprucht diese Schrift überhaupt, selbst Evangelium zu sein. Sie wird jedoch in der anthroposophischen Literatur oft so genannt und führt einen dementsprechenden Titel. Der Verfasser Rudolf Steiner schätzte an sich die biblischen Evangelien, vor allem das Johannesevangelium. Er suchte aber doch nach korrigierenden und ergänzenden Angaben in der „Akasha-Chronik". Denn dort ist die objektive Wahrheit zu finden - in den auf dieser Erde vorhandenen Urkunden und Texten kommt sie immer nur begrenzt zum Ausdruck. Die von Steiner betriebene „Geistforschung" ist daher Richterin über alle irdischen Schriften. Diese „Forschung" - man müßte eigentlich eher von einer visionären Schau sprechen - ergab nun, daß um die Zeitenwende gleichzeitig zwei Jesus-Knaben geboren worden waren.[93] Der eine führt Salomo in seiner Ahnenreihe (Mt 1,6), der andere Nathan (Lk 3,31). Beim ersten Besuch im Tempel begegneten sie sich und das „Ich" des ersteren ergriff Besitz vom Leib des letzteren und vereinigte sich so mit dessen Begabungen:

> „Nun möchte ich an das erinnern, was ich auch hier an diesem Orte öfter vorgebracht habe: daß im Beginne unserer Zeitrechnung zwei Jesusknaben geboren worden sind. Wir wissen das ja schon, und wir wissen auch, daß der eine der beiden Jesusknaben so geboren worden ist, daß in ihm das Ich, die Geistwesenheit des Zarathustra verkörpert war, daß dieser Jesusknabe dann ungefähr bis zu seinem zwölften Jahre mit dieser Geistwesenheit des Zarathustra gelebt hat, bis zu jenem Zeitpunkt, den das Lukas-Evangelium so schildert, daß die Eltern den Jesus nach Jerusalem geführt haben ... Aufmerksam darauf habe ich gemacht, daß diese Szene, wie sie im Lukas-Evangelium geschildert wird, in Wahrheit darauf hinweist, daß das Ich des Zarathustra, das also durch ungefähr zwölf Jahre in dem ersten Jesusknaben gelebt hat, hinüberzog in den anderen, jetzt ebenfalls zwölfjährigen Jesusknaben, der bis dahin von einer ganz anderen Geistesart gewesen war; so daß wir jetzt jenen Jesusknaben haben, der aus der nathanischen Linie des Hauses David stammt, und der das Zarathustra-Ich bis zum zwölften Jahre nicht in sich hatte, es aber von jetzt ab in sich hat." (S. 141)

---

[93] Rudolf Steiner, Aus der Akasha-Forschung - das fünfte Evangelium, Dornach, 4. Aufl. 1985. Der Ich-Stil dieses Buches beruht darauf, daß es sich um Nachschriften von Steiners Vorträgen handelt; vgl. auch Bernhard Grom, Anthroposophie und Christentum, München: Kösel. 1989, insb. S. 100ff.

Die Anlagen des nathanischen Jesus, mit dem sich die zu Wesenheiten verdichteten, in eins zusammengefaßten Kräfte (Nirmanakaya) des weltabgewandten, aber tiefgründigen Buddha verbunden hatten, und die des offenen, erfahrenen Zarathustra-„Ich" im salomonischen Jesus ergänzten sich, vervollkommneten sich und machten die Jesus-Natur im Laufe der Jahre bereit zur Aufnahme der Christus-Wesenheit.[94] Der Leib des salomonischen Jesus, der nun kein „Ich" mehr trug, starb bald nach diesem Ereignis. Die Familien vereinigten sich nach dem Tod der Mutter des nathanischen Jesus und des Vaters des salomonischen Jesus, indem sich die überlebenden Elternteile zusammentaten. Bis zum Zeitpunkt der Johannestaufe wuchs Jesus in Erfahrung und Wissen durch zahlreiche Reisen und durch die Inspiration der inneren Stimme (Bath-Kol), die auch seine Einweihung vornahm. Er pflegte Gedankenaustausch mit den Essäern und erkannte das Wirken der dunklen Kräfte von Luzifer und Ahriman.

„Und wie zusammenfassend das, was er in dieser Richtung zu sagen hatte, sprach Jesus von Nazareth zu seiner Mutter: ... Und merkwürdigerweise hörte ihm die Mutter ruhig zu, wie er sprach von der Wertlosigkeit dessen, was ihr das Heiligste war ... Und da leuchtete ihm auf etwas wie eine Erinnerung der alten Zarathustra-Lehre ... Und jetzt kamen in seine Erinnerung die Worte der umgewandelten Bath-Kol ... :
Amen
Es walten die Übel
Zeugen sich lösender Ichheit
Von andern erschuldete Selbstheitschuld
Erlebet im täglichen Brote
In dem nicht waltet der Himmel Wille
Da der Mensch sich schied von Eurem Reich
Und vergaß Euren Namen
Ihr Väter in den Himmeln.
Und all die Größe auch des Mithrasdienstes lebte mit ihnen in seiner Seele auf und stellte sich wie durch innere Genialität

---

94 Vgl. z.B. Rudolf Steiner, Die tieferen Geheimnisse des Menschheitswerdens im Lichte der Evangelien, Dornach: R. Steiner Verlag 1986, S. 9-15.

ihm dar. Viel sprach er mit der Mutter über die Größe und Glorie des alten Heidentums." (S. 80-81)

Jesus wußte allerdings, daß die Menschen für diese alten Lehren und Worte nicht mehr empfänglich waren. Es war alles wertlos. Und indem Jesus seiner Mutter darüber berichtete, ging etwas in entlastender Weise von ihm an sie über und bereitete so die Taufe durch Johannes vor, bei welcher die Christus-Wesenheit von der Sonne auf Jesus herabstieg und dessen (doppelt geprägtes) „Ich" ersetzte.

> „Alle diese Erlebnisse, die seit seinem zwölften Jahre in ihm gelebt hatten, sie lebten jetzt auf in der Seele der liebenden Mutter! Aber von ihm waren sie wie hingeschwunden ... Wie verwandelt war auch er seit jenem Gespräche ... Er ging in der Tat auch tagelang wie traumhaft im Hause umher. Das Zarathustra-Ich war eben dabei, diesen Leib des Jesus von Nazareth zu verlassen und in die geistige Welt überzugehen. Und ein letzter Entschluß entwand sich ihm: Wie durch einen inneren Drang, wie durch innere Notwendigkeit getrieben, bewegte er sich nach einigen Tagen wie mechanisch aus dem Hause fort, zu dem ihm schon bekannten Johannes dem Täufer hin, um von ihm die Taufe zu erlangen. Und dann fand jenes Ereignis statt, das ich öfter beschrieben habe als die Johannestaufe im Jordan: das Christus-Wesen senkte sich hinab in seinen Leib." (84)

Diese Lehre ist sicher von der theosophischen Anschauung beeinflußt, Jehoshua (Jesus) habe unerkannt in Ben Pandira (vgl. S. 77) „gewohnt", bis er sich anlässlich der Taufe Ben Pandira selbst und dessen Umgebung zu erkennen gab.[95] Als Christus lehrte er Mysterien (so wird z.B. Joh 11 gedeutet) und mußte für diese Veröffentlichung von geheimem Wissen sterben. Sein Tod gab der Welt den Christusimpuls, der den Menschen zur Ich-Entwicklung anregen soll, damit er in höhere Welten gelangen kann. Der Opfer-

---

[95] Franz Hartmann, Jehoshua - der Prophet von Nazareth oder Bruchstücke aus den Mysterien, Calw: Schatzkammer Verlag Hans Fändrich. o.J. S. 43.73 - Steiner war 1902-1913 Generalsekretär der Deutschen Theosophischen Gesellschaft.

tod war nötig, damit der Christusgeist Verbindung zum menschlichen Körper fand.

Das Leben Jesu und der Ablauf der dahinterstehenden geistigen Prozesse erscheint hier ungeheuer komplex. Es ist eingebettet in kosmische Abläufe und das Geschehen der Reinkarnation. Und alles ist nur der geistigen Schau zugänglich - überprüfbar nur für den Eingeweihten, der hierzu Zugang findet. Dem entgegen steht gerade das von Rudolf Steiner so geschätze Johannes-Evangelium, das eingangs betont, das Wort (das Geistige) sei Fleisch geworden. Es ist gerade auch das Stoffliche und damit Menschliche, das uns den Zugang zu Jesus Christus eröffnet. Die Wahrheit über ihn steckt gerade auch in seinem Leben und darin, was uns an irdischen Dokumenten darüber zugänglich ist. Gott will dem Menschen im irdischen Jesus nahekommen. Wenn wir heute nur noch durch „Geisteswissenschaft", die einen langen Schulungsweg voraussetzt, Zugang zur Wahrheit erhalten könnten, würde genau die Distanz wieder eingeführt, welche im Johannes-Evangelium ausdrücklich als aufgehoben dokumentiert wird (Joh 1,14).

Zudem ist Jesus von Geburt an der Christus. Allein schon die Tatsache, daß er wie ein normales Menschenkind geboren worden ist, gehört zu seinem heilbringenden (Christus-)Wirken. Die Trennung von Geburt und Taufe ist in diesem Sinn unevangelisch. Die öffentliche Kundgabe seiner Gottessohnschaft (Mk 1,11) ist keine Initiation, sondern die Proklamation eines bereits bestehenden Zustandes.

Und schließlich ist auch der Kreuzestod nicht nur ein Impuls, welcher das Menschheitskarma erlöst und den einzelnen befähigt, sich auf den geistigen Weg zu machen, sondern die Vollendung der Erlösertätigkeit Jesu Christi. In seinem Bestreben, das Geheimnisvolle im Wirken Christi zu verstehen und verständlich zu machen, bewirkt Steiner das Gegenteil. Christus, der gerade dem einfachen Menschen nahe war und ist, wird durch die anthroposophische Deutung in seiner ganzen Wahrheit nur noch für eine gebildete Elite verständlich.

Exkurs VI: Mehr wissen über das Leben Jesu

Das Leben Jesu ist ein Mysterium. Obwohl es von vier verschiedenen Autoren und vier verschiedenen Gesichtspunkten beleuchtet wird, haben wir dennoch nur wenige Kenntnisse geschichtlich-biographischer Art darüber. Wir können vor allem erkennen, was es bewirkt hat.

Doch suchten Menschen schon von Anfang an nach Gründen dafür, wie dieses Kind von Maria und Josef zu diesem eigenartigen Menschen mit seinen besonderen Gaben und seiner speziellen Aufgabe werden konnte. So mancher Autor hat sich darin versucht, mittels genauerer Informationen über die Voraussetzungen und den Verlauf dieses Lebens das Geheimnis ein wenig einsichtiger zu machen. Schon in der Antike finden wir apokryphe Kindheitsevangelien, welche in erbaulicher Art etwas über die Herkunft von Maria und Josef berichten. Sie beschreiben, wie sich die besondere Bestimmung ihres Kindes schon in den ersten Jahren zu zeigen begann. Es sind Geschichten, wie sie noch heute gern gelesen werden.[96] Die „Aufdeckung" der Herkunft Jesu verfolgt aber auch noch andere als erbauliche Zwecke.

a) Jesu Abstammung

Jesus stammte, das muß immer wieder einmal betont werden, aus einer Handwerkerfamilie in einfachen Verhältnissen. Die wenigen Angaben dazu in den Evangelien sind deutlich genug. Daran ändert auch der Stammbaum nichts, der auf David zurückgeht. Es hat trotzdem immer wieder Versuche gegeben, das Königtum Jesu Christi auch im irdischen Sinne sichtbar zu machen. Gemäß dem Babylonischen Talmud ist er eine vornehme Persönlichkeit, die den Mächtigen nahesteht. Die Mazdaznan-Bewegung spricht von einem persischen Adelsgeschlecht, moderne Quellen legen gar die Abstammung von einem Tenno aus der Reihe der japanischen

---

[96] Z.B. in Walter Schmidkunz, Christusmärchen, Rosenheim: Rosenheimer Verlagshaus 1980; Selma Lagerlöf, Christuslegenden, München: Nymphenburger 6. Aufl. 1989.

Kaiser nahe (siehe S. 48). Sogar führende Außerirdische werden im „Evangelium des Judas Ischarioth" als Erzeuger genannt.

Häufig wird so auch versucht, die jüdische Abstammung des Messias zu verschleiern oder zu leugnen. Einerseits entspringen solche Ideen nicht nur, aber auch der rabbinischen Polemik der ersten nachchristlichen Jahrhunderte. Es ging damals um die Bestimmung des Verwandtschaftsgrades von Christentum und Judentum - und um den Grad der gegenseitigen Feindschaft.

Andererseits erlaubt eine nichtisraelitische Herkunft neben der Ausgrenzung des Jüdischen auch eine Vereinnahmung Jesu für andere Ideologien. Der Versuch, Jesus zu einem Arier zu machen, weckt bedenkliche Gedankenverbindungen an ein „arisches" Christentum ... Die Perser, auf welche sich die Mazdaznan-Bewegung beruft, sind eine indo-arische Volksgruppe. Im „mystischen Leben Jesu" heißt es, Jesus sei ein ägyptischer Arier gewesen. Es wurde sogar versucht, die *galil*äische Heimat Jesu mit eine *galli*schen Einwanderung in Verbindung zu bringen. Was nicht sein durfte, konnte nicht sein - daß diese herausragende, von Gott gesandte Gestalt jüdischer Abstammung war.[97] Nachdem diese Zeit jedoch eigentlich überwunden sein sollte, erstaunt es doch und stimmt bedenklich, daß solche Aussagen heute immer noch Anklang finden.[98]

Eine germanische Abstammung wurde auch auf dem Weg postuliert, auf welchem Jesus in jüdischen und heidnischen Kreisen zur Zeit des frühen Christentums lächerlich gemacht werden sollte: Ein uneheliches Kind war im damaligen Nazareth eine Schande, zumal wenn es von einem Ausländer abstammte, und damit unglaubwürdig. Es scheint eine Überlieferung gegeben zu haben, nach der Jesus der Sohn eines römischen Söldners namens Panthera

---

[97] Es wurde sogar behauptet, die Evangelien hätten ihren Stoff den indischen heiligen Schriften entlehnt und abgeschrieben, ja die ganze biblische Geschichte habe sich eigentlich im - arischen - Indien abgespielt: Moses sei Manu, Christus sei Krishna etc. (Mathilde von Kemnitz alias Mathilde Ludendorff, Erlösung von Jesu Christo, München: Ludendorffs Volkswarte-Verlag 1931; dies., Von neuem Trug zur Rettung des Christentums, a.a.O. 1931).

[98] Das in Rosenkreuzerkreisen zirkulierende „mystische Leben" und „Jesât Nassar", das „Evangelium" der Mazdaznan-Bewegung, werden heute noch gelesen.

war.[99] Die „Jesus ben Panthera (Pandera, Pandira)-These" wird inbezug auf die fremdländische Herkunft noch dadurch gestützt, daß in Deutschland tatsächlich das Grabmal eines Tiberius Julius Abdes Panthera gefunden wurde, der Angehöriger einer auf dem Rhein transportierten römischen Kohorte war, deren Garnison in Palästina lag.[100]

Die ungenauen und „anstößigen" Aussagen der Evangelien über die Vaterschaft Josefs mußten zu Spekulationen Anlaß geben, insb. bei den Feinden des Christentums. Der Streit darüber ist z..B. bereits im apokryphen Evangelium des Nicodemus erwähnt. Bei all den Hypothesen ist es ein Kuriosum, daß der Name des „römischen Soldaten" eventuell nichts anderes ist als eine verdrehte Wiedergabe des griechischen Wortes für „Jungfrau" [Parthen(i)a].

Die Wirkungsgeschichte der Hypothese über die nichtjüdische Herkunft Jesu zeigt eine Verbindung mit dem erwachenden Nationalismus des letzten Jahrhunderts. Denn die Möglichkeit der Befreiung Jesu von der durch das Christentum genau definierten geographischen und kulturellen Wurzel eröffnet Freiräume für seine Vereinnahmung durch andere Regionen/Kulturen/Religionen. Die modernsten Varianten dieses Aspektes sind die These von der arabischen Herkunft der Familie[101] und die Proklamation des Nachfolgers und Vollenders in Korea (siehe S. 87).

b) Kindheit und Jugend

Daß Jesus über besondere Begabungen verfügte, kommt praktisch in allen Schriften über ihn zum Ausdruck und ist eine logische Fortsetzung der Schilderung einer besonderen Geburt. Ähnlich wie in den apokryphen Kindheitsevangelien werden in Neuapokryphen Wundertaten von ihm berichtet. An einigen Stellen erweist er sich als durchaus unartiges Kind, das seiner Umgebung zu schaffen macht (so im Jakobus-Evangelium von Jakob Lorber). Dabei gehen die modernen Texte aber nie so weit wie die antiken Apokryphen,

---

[99] Origenes, Contra celsum I,32 (Gegen Celsus, hrsg. und übers. von Paul Koetschau [Bibliothek der Kirchenväter Bd. 52], München: Kösel/Pustet 1926).

[100] Maurice Goguel,. Das Leben Jesu, Zürich: Rascher. 1934, S. 22.

[101] K. Salibi, Conspiracy in Jerusalem - the hidden origins of Jesus, London 1988.

die ihn auf Angriffe von Seiten von Spielkameraden oder Lehrern auch schon einmal mit einem schmerzenden oder gar tötenden Fluch reagieren lassen[102]. Die allgemeine Tendenz der hier angesprochen Schriften ist es, die im Neuen Testament so kargen Angaben illustrierend zu ergänzen. Wichtiger als die Kinderzeit ist allerdings meist die Frage nach der Ausbildung Jesu. Die verschiedenen Texte lassen ihn teilweise schon von klein auf unter der Obhut von Essenern (Essäer Brief, Evangelium des vollkommenen Lebens, mystisches Leben Jesu, Wassermann-Evangelium) oder ägyptischen Priestern (mystisches Leben Jesu, Wassermann-Evangelium) aufwachsen, seine Bestimmung für eine große Aufgabe wirft ihre Schatten voraus. Diese erste Zeit wird meist mit Jesu Auftreten im Tempel abgeschlossen, das im Neuen Testament belegt ist (Lk 2,46).

Die folgende Zeit bis zum Beginn seines Wirkens wird mit Studien und Einweihungen gefüllt, welche schon in einem eigenen Exkurs diskutiert worden ist.

c) War Jesus verheiratet?

Nach der von Notowitsch beschriebenen Überlieferung war das Motiv Jesu, Palästina zu verlassen, u.a. die Absicht seiner Eltern, ihn zu verheiraten. Jesus blieb also allein. In anderen Berichten hatte er jedoch eine Frau (Evangelium des vollkommenen Lebens, die japanische Legende von Jesus, die rabbinische Talmud-Überlieferung) - auch wenn diese, wie zum Beispiel im Evangelium des vollkommenen Lebens, bald starb. In weiteren Schriften wird die Liebe zu einer Frau ausdrücklich als Versuchung dargestellt (Wassermann-Evangelium, Essäer Brief, Evangelium des Jakobus). Nun sollte einerseits ein jüdischer Rabbi verheiratet sein.[103] Andererseits werden Messiasankündigungen des Alten Testamentes ebenfalls im Sinne eines verehelichten Heilsmittlers ausgelegt (Ps 45,10; Jes 53,10). Und schließlich wird sogar - wegen der

---

[102] Z.B. Rudolph Hofmann, Das Leben Jesu nach den Apokryphen - im Zusammenhange aus den Quellen erzählt und wissenschaftlich untersucht, Leipzig: Friedrich Voigt. 1851, S.205ff, 237f, 250f.

[103] So Schalom ben Chorin, Bruder Jesus, München: dtv, 9. Aufl. 1986, S. 103f.

vertraulichen, zärtlichen Anredeform „Rabbuni" - aus dem Neuen Testament eine eheliche Verbindung Jesu mit Maria Magdalena herausgelesen (Joh 20,16). Die talmudische Überlieferung und die Ansprüche (?) an den jüdischen Messias finden heute einerseits in feministischer Theologie Verwendung[104], andererseits lassen sie Spekulationen über eine eventuell noch vorhandene Nachkommenschaft Jesu aufkommen.

Die moderne Legende „Der Heilige Gral und seine Erben"[105] des Autorentrios Henry Lincoln, Michael Baigent und Richard Leigh spricht davon, daß Maria Magdalena einen Sohn Jesu nach Südfrankreich gebracht habe, wo er über verwickelte Verbindungen zum Stammvater der Merowinger (und mancher späterer Adelsfamilien) wurde. Dieses Geheimnis hätten Tempelritter und Geheimorden bis heute bewahrt. Hier hat Jesus nicht nur adelige Vorfahren und einen politisch brisanten Anspruch auf den Thron in Jerusalem, sondern auch adelige Nachkommen mit möglichen Ansprüchen in Europa! Andere Nachfahren nennt die Ahmadiyya-Bewegung: Einen afghanischen Stamm (eventuell), ziemlich sicher aber die Familie des Hüters des Grabes des Yuz Asaf in Srinagar/Kashmir.[106] Wie schon im Exkurs über die Studienreisen stellt sich wieder die Frage: „Wozu?" Was bringt uns solches „Mehrwissen" an zusätzlicher geistiger Erkenntnis, an zusätzlichem Heil?

Z.B. dienten die detailreichen Kindheitsgeschichten und Legenden über Jesus, welche schon in der Antike entstanden, nicht zur Hauptsache der Verbreitung weiterer historischer Fakten oder zusätzlichen Wissens um das „wie" des Werdeganges Jesu. Viel eher sind es erbauliche Geschichten, welche die Bedeutung Jesu illustrieren und die Phantasie der Gläubigen befriedigen sollten. Sie bilden einen guten Stoff für die Sonntagsschule oder Bilderbücher.

---

[104] Vgl. z.B. die Beziehung Jesus-Mirjam in Louise Rinser, Mirjam, Frankfurt: Fischer 5. Aufl. 1984; ähnlich sieht Elisabeth Moltmann-Wendel die Maria Magdalena als Freundin Jesu (Ein eigener Mensch werden, Gütersloh: Mohn, 5. Aufl. 1985, S.90-94); vgl. auch Elisabeth Schüssler Fiorenza, Zu ihrem Gedächtnis ... Eine feministisch-theologische Rekonstruktion der christlichen Ursprünge, München: Kaiser 1988.

[105] Bergisch Gladbach: Lübbe 1984 (Folgewerk, welches mehr die Umstände in Palästina und des Endes Jesu untersucht: dies., Das Vermächtnis des Messias, a.a.O. 1987); Baigent und Leigh schrieben zudem das Buch über die „Verschlußsache Jesus".

[106] Klatt, Jesus in Indien?, S. 87f.

Auch Erwachsene lesen sie bis heute gern. Gleiches galt ursprünglich für die Legenden um Maria, Josef und deren Familien. Erst später kam die Absicht dazu, bereits hier über eine Verbindung zu Essenern oder Priestern einen esoterischen Ausbildungsgang für das Kind in die Wege zu leiten. Erst später ging es um eine Ausgrenzung Marias und des Kindes aus der Gesellschaft und noch später um eine Vereinnahmung in „arische" oder „adelige" Vorstelllungen. Diese Absichten markieren zu deutlich die Mühe mit der Tatsache, daß der Welterlöser aus einer einfachen Handwerkerfamilie in einem staubigen Dorf in Palästina stammt und noch dazu Angehöriger eines verfolgten und verschrieenen Volkes ist. Sie sind durchsichtig und nicht ernst zu nehmen - außer, wenn sie zu ideologischen Zwecken mißbraucht werden.

Die Versuche, Jesus näher als traditionell überliefert mit Frauen in Kontakt zu bringen, entspringen der jahrhundertealten Leib- und Frauenfeindlichkeit der Kirchen. Was würde aus dem Zölibat, wenn Jesus verheiratet gewesen wäre? Was aus dem kirchlichen Machtanspruch, wenn es noch Nachkommen von ihm gäbe? Doch gerade die letztere Fragestellung ist ein Kurzschluss, der zwar durch die oben erwähnte moderne Grallegende in großer Auflage verbreitet wurde, aber von der Bibel widerlegt wird (Lk 4,6; 9,48; Joh 18,36). Wer glaubt, aus der angeblichen Abstammung einer Person von Jesus einen Machtanspruch ableiten zu können, hat den Mann aus Nazareth gründlich mißverstanden. Ebenso, wer ihm selbst zu seiner Zeit politische Ambitionen - etwa auf den Thron von Jerusalem - unterschiebt. Solches ist nicht der Inhalt der Frohbotschaft, die er den Menschen nahebringen will.

Die erste Frage dringt tiefer. Der erfrischend offene und unkonventionelle Umgang Jesu mit den Frauen, ihr in der Bibel wenig erwähnter, aber dennoch deutlich erkennbarer großer Beitrag zum Unterhalt der Jünger und zur Ausbreitung des Christentums sollten genügen, um deutlich zu machen, was Paulus schrieb: „Da ist nicht Mann noch Frau, ihr seid allesamt eins in Christus Jesus" (Gal 3,28). Paulus wurde leider lange Zeit nur sehr einseitig (frauenfeindlich) zitiert.

Doch genauso, wie es falsch ist, eine Frau als Versuchung in das evangelische Geschehen einzuflechten (wie zum Beispiel im Essäer Brief), scheint es mir falsch, Jesus auf *eine* Bindung festzulegen.

Die Evangelien lassen da etwas offen, indem sie keine besondere Ehefrau oder Freundin erwähnen. Sie können es offen lassen, weil dieser Aspekt für die Heilswirksamkeit Jesu nicht so wichtig ist. Das Heil liegt nicht in der geschlechtlichen, sondern in der menschlichen Beziehung zueinander - und zu Gott.

Alle Ergänzungen zum Leben Jesu, die das zusätzliche Wissen als zusätzliche heilbringende Erkenntnis verstanden wissen wollen, zielen somit in die falsche Richtung. Denn den Evangelien geht es nicht um eine exakte Biographie mit vielen und genauen Daten, sondern es geht ihnen um die Darstellung des Wirkens Gottes im Mensch gewordenen Sohn Jesus Christus. Dem ist nicht viel hinzuzufügen.

10. Die Offenbarungen des Jakob Lorber

Die ausführlichsten Ergänzungen zu den biographischen Informationen des Neuen Testamentes hat uns Jakob Lorber (1800-1864) überliefert. Der österreichische Musiklehrer vernahm 1840 eine innere Stimme, die ihn zum Schreiben aufforderte. Er gehorchte, gab seinen Beruf größtenteils auf und folgte dem „inneren Diktat" bis zu seinem Tod - in Form von 25 Bänden. Seine Anhänger nehmen für ihn in Anspruch, daß kein Geistwesen und keine himmlische Chronik in diesem umfangreichen Werk zum Ausdruck gelangen, sondern der Geist Gottes selbst.

Während Lorber die Jugend Jesu bis zum zwölften Lebensjahr detailliert im „Jakobusevangelium" beschreibt, werden die drei Jahre seines Wirkens in vielen Einzelheiten im 11bändigen „großen Evangelium Johannis" dargestellt.[107] Jesus erweist sich bereits in seiner Kinderzeit als wunderkräftig. Die Schilderungen folgen in etwa den kanonischen und den apokryphen Kindheitsevangelien, sind jedoch viel ausführlicher.

> „Als aber das Kindlein die Fische auf dem Tische erblickte, da lächelte es und lief zu Salome und sagte zu ihr: (...) siehe, das ist meine Leibspeise! Ich esse wohl auch die Honigkuchen gerne, wie auch die Fischbrühe mit Weizenbrot; aber die Fische sind Mir dennoch lieber als alle anderen Speisen."
> (Das Jakobusevangelium 263,12-16)

Im Laufe des Heranwachsens zeigen sich durchaus menschliche Schwächen, die er aber durch Armut, Dienst und Askese überwindet. So wird der ursprüngliche Mensch Jesus zum Gott Christus.

> „**299** Wie lebte denn nun Jesus, der Herr, von Seinem zwölften Jahre bis zu Seinem dreißigsten Jahre?
> 2 Er fühlte in sich fortwährend auf das Lebendigste die allmächtige Gottheit; Er wußte es in Seiner Seele, daß alles, was die Unendlichkeit faßt, Seinem leisesten Winke untertan ist und ewig sein muß.

---

[107] Bietigheim: Jakob Lorber Verlag - Jakobusevangelium 7. Aufl. o.J.; Evangelium Johannis 5. Aufl. 1949-63. Das Jakobusevangelium erschien erstmals 1852, die Schriften wurden zunächst polizeilich verboten!

3 Dazu hatte er den größten Drang in Seiner Seele, zu herrschen über alles.

4 Stolz, Herrschlust, vollste Freiheit, Sinn fürs Wohlleben, Weiberlust und dergleichen mehr, also auch Zorn waren die Hauptschwächen seiner Seele. Aber Er kämpfte aus dem Willen der Seele gegen alle diese gar mächtigsten, tödlichsten Triebfedern Seiner Seele. ...

10 Die Weiberlust bekämpfte er durch nicht selten schwere Arbeit, durch magere Kost, durch Gebet und durch den Umgang mit weisen Männern.

11 Ja, in diesem Punkte hatte Er ungemein viel auszustehen, indem Sein Äußeres und der Ton Seiner Rede von höchst einnehmender Art waren,

12 aus welchem Grunde die fünf überaus schönen Cyreniusschen Mädchen in Ihn durch die Bank sterbensverliebt waren und untereinander wetteiferten, Ihm am besten zu gefallen.

13 Ihm gefiel solche Liebe wohl; aber dennoch mußte Er allezeit zu jeder sagen: ‚Noli me tangere!'" (Das Jakobusevangelium)

Lorber lehnt in seiner Beschreibung Jesu die Dreieinigkeit ab. Der Geist Jesu ist Gottvater, Seele und Leib sind der Sohn, die Kräfte, die von ihm ausgehen, sind der heilige Geist. Alles zusammen ist der Herr Jesus Christus. Er wirkt als Heiler und Wundertäter - mit einzelnen Abweichungen vom Neuen Testament - und hält mehrere lange Reden über den Weg des Menschen zu Gott, der vor allem im Halten der Gebote, in Werken der Nächstenliebe besteht. Daneben lehrt er auch über die Naturordnung der Welt:

„Die Erde ist ja kein endloser Körper, sondern rund wie die Pomeranze, die ich vorhin verzehrte, und schwebt frei und ist um sie ein endloser freier Raum; darum können der Sonne Strahlen sie allezeit überleuchten auf allen Seiten. Also muß die große Erde ja auch einen Schatten werfen und kommt der Mond in diesen, so wird er finster ... – Hier sahen Joseph und Jonatha einander an und wußten nichts darauf zu erwidern." (Das Jakobusevangelium, 176,21-23)

Sein Tod ist die Krönung eines Lebens in liebender Hingabe und Vorbereitung des letzten, überzeugendsten Wunders. Die menschliche Seele Jesu (der Sohn - d.h. nicht Gott selbst !) opfert sich für die gefallenen Seelen, die Auferstehung dient der Überzeugungskraft.

Obwohl manche der Offenbarungen zeitgebundene und teilweise falsche Aussagen aufweisen (zum Beispiel über die Vorgänge auf dem Mond und auf anderen Planeten), haben sie große Wirkungen gezeitigt. In esoterischen Kreisen, bei Naturfreunden, UFO-Gläubigen und medial begabten Personen fanden und finden sie großes Interesse. Manches liest sich wie eine Vorstufe der Lehren Rudolf Steiners, z.B. wenn von der stufenweisen Emporführung durch das Mineral-, Pflanzen und Tierreich die Rede ist oder von der Fortentwicklung im Jenseits. Die Moralvorstellungen gehören zum letzten Jahrhunderts, ebenso die recht starre Soziallehre und die Kenntnisse über die Bibel. Die von Lorbers Jesus geschilderten Ernährungsgewohnheiten und Lebensumstände zeigen teilweise deutliche Züge mitteleuropäischer Kultur des 19. Jahrhunderts. Auch seine naturwissenschaftlichen und historischen Lehren, die doch *Wahrheit* sein sollen, spiegeln nur den Erkenntnisstand jener Zeit. Selbst wenn die Schriften von großer Frömmigkeit getragen sind - von oder über Jesus sind sie kaum.

Lorber dürfte die Offenbarungen des Emanuel Swedenborg (1688-1772) und der Anna Katharina Emmerick (1774-1824) gekannt haben und davon zumindest angeregt worden sein.[108] Swedenborg verlor die biblische Botschaft nie aus den Augen, ergänzte sie allerdings mit seinen visionären Deutungen und Angaben aus der Engel- und Geisterwelt. Die göttliche Gnade wird teilweise durch die Leistung des Menschen ersetzt, die Distanz zwischen Mensch und Gott schrumpft. Anna Emmerick war im Gegensatz zum Wissenschaftler Swedenborg eine einfache, aber zutiefst mystisch veranlagte Frau, welche zuweilen die Wundmale Christi zeigte. Clemens Brentano schrieb ihre Gesichte nieder, in denen sie das

---

[108] E. Swedenborg, Himmlische Geheimnisse welche in der Heiligen Schrift enthalten und nun enthüllt sind, 16 Bde., Stuttgart 1867-69; Hutten, Seher Grübler ..., a.a.O. S. 560-83; A.K. Emmerick, Jesus mitten unter den Seinen (aufgezeichnet von C. Brentano), Kevelaer: Butzon & Bercker 1986.

Leben Jesu schilderte. Noch weniger als bei Swedenborg rückt hier das Evangelium aus der Mitte, nur ist die detailreiche Schilderung von Sprache und Verständnis ihrer Zeit geprägt und ergänzt die kanonischen Evangelien um verschiedene legendäre, erbauliche und v.a. mariologische Elemente. Beide Neuoffenbarer haben ein eigenes Bild von Jesus entworfen und werden noch heute gern gelesen. Aber beiden kommt doch eine andere Qualität zu als den Neuapokryphen, zumal sie ihr Werk *unter* die Kontrolle der Bibel stellen. Die Schöpfung wird bei ihnen als Gottes Werk gesehen, nicht als das Luzifers, wie bei Lorber. Die Evangelien Lorbers genießen bei seinen Anhängern vergleichsweise solche Autorität, daß sie - anders als z.B. die Visionen Anna Emmericks - *neben* die Heilige Schrift gestellt werden. Denn sie beanspruchen, von Christus selbst geoffenbart zu sein.

Exkurs VII: Offenbart sich Jesus auch heute ?

Es wird wohl niemandem einfallen zu behaupten, daß Gott, beziehungsweise Jesus Christus sich heutzutage nicht mehr offenbaren könnte. Im Gegenteil, wenn im Verlaufe der Kirchengeschichte viele aufrichtige Frauen und Männer von dem berichtet haben, was sie gehört oder geschaut hatten und dieses als genuine Gotteserfahrung glaubhaft machen konnten - warum sollte das heute nicht möglich sein? Warum sollte Jesus nicht in neuen Formen sprechen? Wie er als Mensch unter den damaligen Umständen erschien und sagte, „vieles hätte ich euch noch zu sagen, aber ihr könnt es jetzt noch nicht fassen"(Joh 16,12), so könnte er der gereiften Menschheit doch auch in modernerer Form neue Mitteilungen zukommen lassen - schriftlich, mündlich oder durch seine eigenes Erscheinen!?

a) „Die göttlichen Prinzipien"

1936 hatte der Koreaner San Myung Mun eine Christuserscheinung, während der Jesus ihn aufforderte, seine Mission, die er vor 2.000 Jahren begonnen habe, zu Ende zu führen. Nach der Zusage habe Mun neun Jahre lang mit Satan gerungen. In diesem Kampf mit der geistigen Welt entdeckte er die meisten der Göttlichen Prinzipien, einige wurden ihm von Gott selbst mitgeteilt. Er schrieb sie auf, legte sie den Größen der geistigen Welt und Gott vor und sah sich zweimal abgewiesen. Erst beim dritten Mal wurde der Text als richtige Zusammenfassung der Wahrheit akzeptiert.[109] Jesus ist gemäß diesem Buch der Vorläufer von San Myung Mun. Er hatte als erwählter Mensch den göttlichen Auftrag, den physischen und geistigen Fall der Menschheit wieder aufzuheben. Seine Mission scheiterte jedoch, da seine Familie ihm im Weg stand. Er war unehelich geboren und es gab Spannungen mit der Verwandt-

---

[109] New Hope News 1974 Nr. 9 nach Rüdiger Hauth, Vereinigungskirche. ‚Tong-Il-Kyo' im Angriff. München 3. Aufl. 1977; die erste englische Ausgabe von „Die Göttlichen Prinzipien" erschien 1957, die deutsche Ausgabe kam 1972 in Frankfurt bei der Gesellschaft zur Vereinigung des Weltchristentums heraus.

schaft. Denn es hätten doch Verwandte in Bethlehem sein müssen, die den Besuch aus Nazareth aber offensichtlich nicht aufnahmen. Die Eltern kümmerten sich wenig um ihn. Später störten die Verwandten seine Aufgabe. Außerdem versäumten sie, ihn zu verheiraten, zum Beispiel mit Maria Magdalena, was zur physischen Erlösung der Menschheit, zur Gründung einer neuen Urfamilie nötig gewesen wäre. Da auch Johannes der Täufer an ihm zweifelte und ihn den Juden gegenüber nicht klar unterstützte, glaubten diese nicht an seine Messiasaufgabe. Jesus gelang es aber, seine Hinrichtung wenigstens in den Dienst der geistigen Erlösung der Menschheit zu stellen. Die physische Erlösung stand noch aus, weshalb er seine Wiederkunft ankündigte. Die Auferstehung geschah geistig, aber nicht leiblich - Jesus ist nicht Gott und sein Körper verließ das Grab nicht.

b) „Der Großinquisitor"

Wenn Jesus in unsere Zeit käme, hätte er es vermutlich schwer. Die Geschichte vom „Großinquisitor", welche Feodor Dostojewskij in seinen Roman „Die Brüder Karamasow" eingefügt hat, dürfte noch nicht überholt sein. Der 90jährige Inquisitor läßt Jesus nach der Auferweckung eines toten Mädchens verhaften und spricht zu ihm: „Bist Du es? Ja? ... Ich weiß recht wohl, was Du sagen willst. Aber Du hast auch gar kein Recht dazu, dem, was Du früher gesagt hast, etwas hinzuzufügen. Warum bist Du denn hergekommen, uns zu stören? ... Du hattest keinen Mangel an Warnungen; Du verschmähtest den einzigen Weg, auf dem es möglich war, die Menschen glücklich zu machen; aber zum Glück übergabst Du, als Du weggingst, diese Aufgabe uns ... Du gabst uns das Recht, zu binden und zu lösen, und Du kannst es Dir jetzt natürlich nicht beikommen lassen, uns dieses Recht wieder zu nehmen. ... Ich ... schloß mich der Schar derjenigen an, die Dein Werk verbesserten ... Geh weg und komm nicht mehr wieder ... komm überhaupt nicht mehr wieder ... niemals, niemals!"[110]
Die Kirchen als Institutionen haben über Jahrhunderte hinweg um den Besitz der Wahrheit gestritten. Der Wahlspruch des streitbaren

[110] Nach der Ausgabe Reclam, Bd. 6256, Stuttgart 1988.

deutschen Pastors Martin Niemöller war jedoch: „Was würde Jesus dazu sagen?" Er war sich bewußt, daß er sich mit diesem Satz zuweilen auch in kirchlichen Kreisen unbeliebt machte. Als Angehörige der Kirchen und als Theologen müssen wir vorsichtig sein und dürfen nicht vorschnell alles verurteilen, was nicht in unser kirchliches und theologisches Gerüst paßt. Dem oft gehörten Vorwurf, die Kirche habe von jeher alles Mißliebige zu unterdrücken gewußt und ihr unbequeme Schriften und Offenbarungen zensiert, ist jedenfalls nicht allein mit dem Anspruch auf die wahre Überlieferung oder Bibelauslegung zu begegnen.

c) Kirchliche Unterdrückung

Allerdings beruht der Vorwurf der Zensur größtenteils auf einer zusammen mit den Neuapokryphen überlieferten Legende. Die Tatsache, daß die Mehrzahl der beschriebenen Theorien über Jesus in den Kirchen keinen Widerhall findet und entsprechende Schriften nicht als autoritativ anerkannt werden, führte zur These der Tätigkeit von „Korrektoren" im Anschluß an das Konzil von Nicäa (325) und der nachfolgenden Unterdrückung jeglichen abweichenden Schrifttums. Das 1. Ökumenische Konzil von Nicäa habe zur Folge gehabt, so heißt es, daß die Kirche aus religionspolitischen Überlegungen heraus auf Vegetarismus und Reinkarnation verweisende Stellen im Kanon habe zensieren lassen.[111] Auch Hinweise auf weiterführende, esoterische Lehren habe man unterdrückt. Texte, welche die gestrichenen Inhalte belegen würden, seien von der Kirche vernichtet oder versteckt worden, Eingeweihte hätten sie daher unter Gefahren in Sicherheit bringen müssen.[112]

[111] Dies vertritt z.B. die Hare Krishna-Bewegung (Raja Vidya dasa, Die Bibel in ihrem eigenen Licht, Zürich: Govinda Kulturtreff 1987, S.3, 16, 27; ders., Vegetarisch Leben, 1989, S.20f).

[112] Wassermann-Evangelium S.13: Jesus und die Apostel haben nie die kirchlichen Lehren vertreten; Essäer Brief S.11f.: diese Schrift wurde in der Antike von Essenern versteckt, in der Neuzeit verfolgt und in den vatikanischen Archiven versenkt; Evangelium des vollkommenen Lebens S.5: diese Schrift wurde verfolgt und unterdrückt, konnte aber von Essenern in ein tibetisches Kloster gerettet werden. Ähnlich äußert sich Notowitsch über das von ihm „gefundene" Manuskript; und auch die Rosenkreuzer-Archive (mystisches Leben Jesu) und Mazdaznan-Sammlungen (Jesât Nassar) sollen, wie es heißt, dem Erhalt dieser gefährdeten Überlieferungen dienen.

Auch die Entdecker sind demzufolge bedroht. Eine weitere Konsequenz ist, daß die Originalmanuskripte (so vorhanden) meist wieder verschwanden oder zerstört wurden. In jedem Fall sind sie aber gerade wegen ihres abweichenden Inhalts, ihrer Verborgenheit oder der Vernichtungsdrohung wahrer als der Kanon. Rudolf Steiner bringt diese Haltung auf den Punkt, wenn er bezüglich der Akasha-Chronik festhält, daß die Erforscher dieser Chronik gegenüber vorhandenen Urkunden völlig frei sind, da jene die Wahrheit enthalte, in den Urkunden jedoch nur begrenzte Wahrheit zu lesen sei. Die Geistforschung könne daher Richterin sein über das, was in den Urkunden steht.[113]

Nun haben sich die Kirchen bekanntlich tatsächlich im Altertum gegen gnostische Schriften gewehrt. Und die Inquisition verbrannte ihr schädlich erscheinende Bücher und erstellte einen Index der verbotenen Schriften. Doch die Legende von der Zensur im Auftrag Konstantins entspringt einerseits dem Klima der aufklärerischen rationalistischen Theologie des letzten Jahrhunderts, andererseits den Umtrieben um den Essäer Brief und vor allem dem theosophisch inspirierten Buch „Das Verbrechen von Nicäa" von Morley Steynor[114]. Konstantins Gattin Fausta habe im Auftrag der „Großen Weißen Bruderschaft" in Ägypten - deren Bote ein düsteres Bild der Zukunft malte, wenn die Arbeit der „Correctores" nicht verhindert werden könne - noch eingreifen wollen, aber vergeblich.

Die ganze Legende fußt auf der einfachen Tatsache, daß nach der konstantinischen Wende eine große Nachfrage nach Kopien der damals noch existierenden Schriftsammlungen bestand - allzuvieles war noch wenige Jahre zuvor während Verfolgungen zerstört worden. Große Schreibzentralen wurden eingerichtet, welche die verschiedenen noch vorhandenen Textversionen der neutestamentlichen Schriften zu möglichst einheitlichen Vorlagen formten. Denn früher hatten die voneinander unabhängigen Abschreiber in den verschiedenen Regionen des Römischen Reiches Textversionen

---

[113] Steiner, Johannes Evangelium, Dornach, 6. Aufl. 1984, S.28; das Wassermann-Evangelium stellt eine ähnliche Unantastbarkeit des Geoffenbarten fest (S. 17).

[114] Verfaßt Ende des 19.Jh., publiziert im Vegetarischen Universum 1955, S.2-6, nach Angaben von K. Hutten (Materialdienst der EZW Stuttgart 33/1970: 280).

90

benutzt, welche sich aufgrund von Beschädigungen, Schreib- oder Verständnisfehlern in einzelnen Buchstaben oder Worten voneinander unterschieden - wohlgemerkt, ohne daß der Sinn grundsätzlich ein anderer gewesen wäre.

Die Legende von der kirchlichen Zensur beruht auf dem Wissensstand des letzten Jahrhunderts. Die Archäologie hat inzwischen viele Textrollen und Fragmente aus der Zeit vor dem berühmt-berüchtigten Konzil von Nicäa gefunden. In ihrer Mehrzahl müssen sie zur Zeit der „Korrektoren" schon verschwunden gewesen sein, vergessen, verschollen, versteckt im Laufe der Verfolgungen. Die kirchliche Zensur hätte alle diese Texte und Bruchstücke ebenfalls erfassen müssen. Zudem gibt es Tausende von Zitaten aus Evangelien, Briefen der Apostel und Werken der Kirchenväter in Schriften, die vor 325 entstanden sind. Diese hätten ebenfalls geprüft werden müssen. Kein Textfragment, kein Zitat gibt auch nur den leisesten Hinweis darauf, daß solch gewichtige Bestandteile der Lehre wie Reinkarnation oder heilsnotwendiger Vegetarismus Elemente der Botschaft Jesu gewesen seien. In diesen Texten existiert kein Hinweis auf solch wichtige Erfahrungen wie eine Reise nach Indien oder eine Einweihung in Ägypten. Die Kirchen haben im Verlaufe ihrer Geschichte des öfteren in verschiedenen Zusammenhängen Zensurmaßnahmen ergriffen - diese Behauptung soll nicht bestritten werden. Aber die Folgerung daraus, daß sie am Anfang ihrer Geschichte selbst das Neue Testament zensierten, ist eine Erfindung des letzten Jahrhunderts.

Nicht einmal die Entstehung des neutestamentlichen Kanons kann unter diesem Vorzeichen gesehen werden. Denn was dabei stattfand, wurde nicht von einer zentralen Behörde gesteuert, sondern war das Ergebnis eines langen Prozesses von Erfahrungen mit der *Wirkung* der verschiedenen Evangelien und Briefe. Die Erfahrung der Übereinstimmung mit dem Hauptstrang der mündlichen und schriftlichen Überlieferung über das Leben und die Lehren Jesu kam hinzu. Gottes Geist *erweist* sich in seinem Wirken am Menschen - und so entschied die *Wirkung* in den Gemeinden über Ablehnung oder Aufnahme einer Schrift.

d) Offenbarung und Unterscheidung der Geister

Wenn nun ein „Jesus Christus" in unserer Zeit spricht, sich offenbart oder schreiben läßt, so dürfen wir seine Autorität gemäß den Weisungen aus den Evangelien nicht fraglos annehmen (Mt 24,5.24). Der Name Christus in einer Offenbarung oder einem neuen „Evangelium" ist keine Garantie für die Qualität der jeweiligen Urheberschaft.

Aber die Tatsache des Abweichenden oder Neuen allein genügt auch nicht zur Disqualifikation. Gerade in unserer Zeit haben es Qualitätsurteile aufgrund dogmatischer Sätze und hierarchischer Prinzipien schwer. Die scheinbar unterdrückte Esoterik erweist sich trotz der nur legendären Zugehörigkeit zur Lehre Jesu als äußerst attraktiv. Darum möchte ich hier in drei Schritten noch einmal zu verdeutlichen versuchen, warum die Bibel als Bericht vom Wirken Gottes unter den Menschen trotzdem als Qualitätsmaßstab gelten kann:

1) Der biblische Gott sucht den *unvollkommenen* Menschen *in* der Schöpfung und wirkt durch ihn.

2) Der biblische Gott liebt in Jesus Christus den unvollkommenen Menschen *bedingugslos* bis zur Selbstaufgabe. Dem ist nichts hinzuzufügen.

3) Jesus Christus ist *derselbe*, gestern, heute und in Ewigkeit.

Zu 1): Wenn das Wasser in unserer Atmosphäre sichtbar wird (in Form von Wolken), so kondensieren die einzelnen feinen Tröpfchen an winzigen Staubpartikeln. Vereinfachend könnte man sagen, die Verbindung mit Staub macht das Wasser sichtbar und bewirkt, daß es zur Erde fallen kann. Dabei nimmt es weitere Schwebeteilchen aus der Luft auf. Wir wissen, daß Regen die Luft „wäscht". Es gibt keine Röhre, durch die reines, destilliertes Wasser zur Erde fließt. – So ist es mit dem Wort Gottes. Es fällt nicht einfach rein zur Erde, sondern es ereignet sich. Gott braucht in der Bibel für seine Offenbarungen keine Kanäle (Channel) und „ich-entleerte" Medien, sondern Menschen. Gottes Wort kondensiert gewissermaßen an dem, der aus Staub geformt wurde. Und kann erst so wirklich zur Erde und in die irdische Wirklichkeit fallen. Damit sind seine Offenbarungen an prophetisch begabte Menschen eben nicht die reine Vermittlung einer Lehre, sondern ein gesamthaftes *Geschehen* unter der *Wirkung* des Geistes. Ein biblischer Prophet wird in seiner *ganzen* Existenz vom Geist ergriffen und bleibt doch bedingter und fehlbarer Mensch. Jesus ist das fleischgewordene göttliche Wort - seine *gesamte* Existenz auf dieser Erde einschließlich der durch sein Mensch-sein bedingten Schwachheiten ist Gottes Wort. Sie ist fleischgewordenes Zeichen dafür, daß Gott eben nicht von oben herab Vollkommenheit doziert, sondern sich dem unvollkommenen Menschen zuwendet und durch und mit ihm wirken will - nicht einfach durch ihn hindurch. Der Regen muß in und durch die Erde zu den Pflanzen, damit sie Frucht tragen. Geht er durch die Erde hindurch, versickert er und die Pflanzen vertrocknen trotz des Wasserangebotes.

Wo Menschen sich als absolut reinen Kanal Gottes ausgeben, geht dies also am Ziel des biblischen Gottes - der Verbindung mit dem Menschen - vorbei. Ebenso unbiblisch ist die Darstellung Jesu als einer Verkörperung der göttlichen Lehre, die sich zur Entfaltung der Wirksamkeit erst über einen esoterischen Einweihungsweg reinigen muß. Gott ist in ihm selbst wie Wasser in die staubige, schweiß- und blutgetränkte Wirklichkeit dieser Welt gekommen, um sich mit ihr zu verbinden, damit er in ihr das Gedeihen wirke. Und nicht, um alles Staubige und Blutige abzuwaschen - dann bleibt nämlich nur noch eine felsige, unfruchtbare Karstlandschaft übrig. Die paradiesischen Zustände liegen jenseits unserer irdischen Existenz und Zeit (Offb 21,1-5), auch wenn sie - manchmal fast unmerklich - in unsere Gegenwart hineinragen und uns Boden unter den Füßen geben wie eine Sandbank im tiefen Wasser.

Zu 2): „So sehr hat Gott die Welt geliebt, daß er seinen einzigen Sohn gab, damit jeder, der an ihn glaubt, nicht verlorengehe, sondern ewiges Leben habe" (Joh 3,16). „Größere Liebe hat niemand als die, daß einer sein Leben hingibt für seine Freunde" (Joh 15,13). Diesen Sätzen ist eigentlich nichts hinzuzufügen.

Alle Versuche, sie zu verbessern, zu erweitern, zu ergänzen, müssen fehlschlagen. Wer die Liebe Gottes mit menschlichen Mitteln und Realpolitik korrigiert, mag zwar Erfolg haben. Doch er darf sicher nicht wie der Großinquisitor Dostojewskijs beanspruchen, erst damit dem Menschen zu einer menschengemäßen

Freiheit verholfen zu haben. Auf Menschen mit solchen Ansprüchen kann die Gegenwart Christi nur störend wirken.

Fehlschlagen müssen aber auch Bestrebungen, Gottes Liebe mit esoterischen Lehren und Praktiken erreichbar zu machen. Zu *dieser* Liebe kann der Mensch keinen Weg gehen. Sie ist - als Mensch geboren (Joh 1,14) - selbst der Weg und kann nur empfangen werden. Sie ist keine geheime Lehre, sondern das Wirken Gottes im Menschen, welches, wenn er für sie empfänglich ist, sein Leben verändert. Wo sie mittels Lehren, Einweihungen und Praktiken verfügbar gemacht werden soll, werden wieder Bedingungen eingeführt, die Jesus durch sein Leben beseitigt wissen wollte. Gott verlangt nicht, daß wir erst Vegetarier werden, einen mehrere Leben umfassenden Schulungsweg durchlaufen, einer Welteinheitsreligion angehören oder religiöse Gesetze befolgen. Wir müssen auch nicht erst unser Karma abarbeiten. Er liebt uns schon längst, sogar dann, wenn wir uns von ihm abkehren. Die größte Strafe für den Großinquisitor war die Antwort, die ihm Jesus auf alle seine Vorwürfe gab:

„Der Greis möchte, daß Er etwas zu ihm sage, sei es auch etwas Bitteres, Furchtbares. Aber Er nähert sich plötzlich schweigend dem Greise und küßt ihn still auf die blutlosen neunzigjährigen Lippen. Das ist seine ganze Antwort."

Auch derjenige, der sich als Vollender des Werkes Jesu ausgibt und als Messias unserer Zeit, nämlich San Myung Mun, handelt nicht anders als dieser Großinquisitor. Auch er beansprucht, das neutestamentliche Wirken verbessern zu können. Auch er führt zur Erhaltung der Freiheit viele religiöse Gesetze und Pflichten ein, um den Menschen zu stärken - und vergißt, daß Gott die Schwachen liebt und in ihnen stark ist (2Kor 12,9; 13,4). Übrigens - ist es nicht eigenartig, daß selbst dieser neue Messias seine „gute Botschaft", die „Göttlichen Prinzipien" mehrmals korrigieren lassen mußte (siehe S. 87)?

Gottes Liebe kann illustriert werden. Sie kann sich einzelnen Menschen in besonderer Weise offenbaren. Sie kann aus den Worten und Schriften besonderer Gruppen sprechen. Um noch einmal das Bild des Wassers zu benutzen: Der Regen fällt auf vielfarbigen Boden und läßt die unterschiedlichsten Pflanzen sprießen (vgl.

JesSir 33,10f). Er kann bezüglich der Menge ergänzt werden und fällt auf manche Orte in besonderer Weise. Aber wenn wir seine Qualität verändern, indem wir ihn mit Zusätzen versehen oder ihn kanalisieren, dann ist es eben nicht mehr Regen.

Die Gesamtkirche als Wirkungsort der voraussetzungslosen Liebe Gottes sollte Raum haben für verschiedene Pflanzen, Farben und Regenmengen. Gerade Gottes Zuwendung macht Platz für Außenseiter und diejenigen Inhalte anderer religiöser Botschaften, die dem Wesen Christi entsprechen. Zusätzliche Evangelien und Offenbarungen können jedoch der Liebe, mit der sich Gott dem Menschen zugewandt hat, keine neue Qualität hinzufügen. Gemeinschaft mit Gott ist nicht zu überbieten. Deswegen erreichen die Neuapokryphen trotz aller Geheimlehren und Enthüllungen nie die Tiefsinnigkeit der seit 2.000 Jahren verwendeten neutestamentlichen Evangelien.

Zu 3): Der Satz aus dem Hebräerbrief (13,8) will sagen, daß sich zwar die Form, die Sprache, die Erscheinung Jesu und seines Wirkens ändern kann, niemals aber der Inhalt. Selbst wenn Gott durch Jesus Christus und/oder den Heiligen Geist weitere Offenbarungen gibt - etwa in Erfüllung von Joh 16,12f - so wird er doch seine Grundaussage nicht verändern. Wo also ein Christus inhaltlich wesentliche Korrekturen an den in der Bibel oder anderswo bezeugten Aussagen und Zeichen anbringt, ist es kaum der Jesus Christus des Neuen Testamentes. Gott ist Gott und bleibt Gott. Würde er sich ändern, wankte die ganze von ihm abhängige Schöpfung. Natürlich steht es dem Menschen nicht an, ihm Vorschriften zu machen. Aber kann er die Zusage, welche er durch die Existenz Jesu Christi und damit durch sich selbst gemacht hat, zurücknehmen? Kann dieses Wirken des göttlichen Wortes, das sich auf tiefste mit dem menschlichen Leben einschließlich seiner Abgründe verbunden hat, ungeschehen gemacht werden? Wenn ja - *ist* dann ein solcher Gott noch ... ?

Hier liegt die wesentlichste Begründung dafür vor, daß die Bibel nach wie vor als Maßstab gelten darf. Gerade weil neue Evangelien und Offenbarungen den Anspruch erheben, christlich zu sein bzw. das wahre Christentum erst zur Entfaltung zu bringen, müssen sie sich am Alten und Neuen Testament messen lassen.

11. Das „Buch Mormon"

Auch das Buch Mormon gehört zu den Neuapokryphen. Denn es beansprucht, die Übersetzung einer schriftlichen Quelle des 4. nachchristlichen Jahrhunderts zu sein. Auftreten und Passion Jesu bilden gewissermaßen nur Hintergrundinformation. Doch es werden konkrete Aussagen über sein Wesen gemacht und das gesamte Buch soll eine - gleichwertige - Fortschreibung der Bibel sein. Der Gründer der Mormonen, Joseph Smith (1805-1844), berichtet, er habe von einem Engel den Hinweis auf verborgene Goldplatten erhalten, die er ausgrub und mit Hilfe einer durch den Engel überbrachten besonderen Brille übersetzte.

Das Buch erschien erstmals 1830 und berichtet über das Schicksal israelitischer Stämme in Amerika in der Zeit zwischen ca. 590 v. Chr. und 421 n. Chr.[115] Aufgrund von weiteren Offenbarungen lehrte Smith auch, daß Jesus in Amerika erschienen sei (vgl. S. 78). Dieser ist für die Mormonen ein vervollkommneter Mensch, der im Alten Testament bereits als Jehova seinen Anteil an der Schöpfung und Bewahrung der Welt hatte. Wie der Gott des uns sichtbaren Kosmos ist er einer unter vielen Göttern der Gesamtheit der Welten. Er wurde als Teil des Erlösungsplanes auf die Erde gesandt, der bereits vor der Erschaffung des Menschen beschlossen wurde. Sein Opfer genügt jedoch nicht zur vollkommenen Erlösung, sondern befreit die Menschen nur insoweit, wie sie die Gesetze des Evangeliums einhalten und sich den darin vorgeschriebenen heiligen Handlungen unterziehen. Erst letztere sichern - in Form der mormonischen Rituale - die Aufnahme ins Paradies.

Gleich wie in anderen Neuapokryphen verlangt Jesus hier also nicht einfach Glauben, sondern die zusätzliche Praxis eines esoterischen Heilsweges. Er wirkt nicht durch seine Existenz und seinen Tod, sondern ist mehr Vorbild, Meister und Begründer eines Weges zur Erlösung. Er kann nur von denen richtig verstanden werden, die sich von den Lehren der Kirche - welche die von Jesus er-

---

[115] Frankfurt am Main: Kirche Jesu Christi der Heiligen der Letzten Tage 1985; die Angaben sind der Einleitung entnommen; bei den Stämmen soll es sich um einen Teil der sog. „verlorenen Stämme Israels" handeln, die mit der Zerstörung des Nordreiches (Israel, 722 v. Chr.) aus der Geschichte des jüdischen Volkes verschwanden, auf deren Heimführung die Propheten aber immer hofften (z.B. Jes 11,11ff.; Jer 32,37).

teilte priesterliche Vollmacht durch ihre Spaltungen wieder verloren hat - freimachen und selbst den wahren Weg des Gesetzes beschreiten.

Die Mormonen pflegen im allgemeinen eine Religiosität mit hohem moralischem Anspruch und wissen sich in ihren praktischen, v.a. in sozialen Anliegen häufig mit den Kirchen einig. Ihre Behauptung, Kirche Jesu Christi zu sein, kann aufgrund des Neuen Testamentes jedoch nicht akzeptiert werden. Auch hier wird die Liebe Gottes wieder von der Erfüllung von Bedingungen abhängig gemacht. Die Rituale sind heilsnotwendig, das Glaubensverständnis ist gesetzlich und das Gottesbild unbiblisch („was Mensch ist, war Gott einst; was Gott ist, kann Mensch werden ...“[116]). D.h. es kann nicht die Rede davon sein, daß es - wie die Mormonen behaupten - keine Widersprüche zwischen der Bibel und dem Buch Mormon gäbe. Letzteres weist deutliche Züge einer Entstehung im vergangenen Jahrhundert auf. Ganze Passagen haben den gleichen Wortlaut wie die damals gängige Version der King James-Bibel. Die abschätzige Bewertung der dunkelhäutigen Völker entspricht derjenigen weiter Kreise der damaligen Zeit. Und schließlich gleicht das Buch auffällig der zweiten Version eines Romanmanuskripts von Solomon Spaulding, welches diesem beim Verleger gestohlen worden war[117]. Da Smith die Platten nach der Übersetzung wieder an den Engel zurückgeben mußte, ist das Original natürlich keiner Überprüfung zugänglich.

Bei der Beurteilung geht es jedoch weniger um die Frage der Echtheit dieses Buches als um die zahlreichen Lehraussagen und Vorschriften, die nicht nur mit kirchlichen Ansichten, sondern auch und vor allem mit dem Neuen Testament nicht in Übereinstimmung zu bringen sind. Diese haben dazu geführt hat, daß die Gemeinschaft der Mormonen nicht als christliche Kirche betrachtet und ihre Taufe nicht anerkannt werden kann.

---

[116] Leitspruch gemäß „Lehre und Bündnisse" Abschnitt 132,20 (19. Aufl., Frankfurt am Main 1974).
[117] Hutten, Seher Grübler ..., S. 446.

12. Das „Evangelium von Arès"

„L'évangile donné à Arès" wurde Michel Potay in insgesamt vierzig nächtlichen Erscheinungen, beginnend in der Nacht vom 14. auf den 15. Januar 1974, von Jesus diktiert.[118]

„**1** 1.*Richte dich auf*, du Mensch Michael, auf!
Hör auf mit deinen Tränen und deinem Zittern!
Deine Scham soll zuende sein; Ich habe dich entblößt um dich in einen neuen Mantel zu kleiden. ...
11 1. Weil Ich Mich zum Bild gemacht habe für Meine Zeugen, die Meinen Atem gespürt haben,
Meine Stimme gehört haben, die Farbe Meines Blickes gesehen haben, wirst du Meine Bilder *nicht verwerfen*,
die du getreulich vervielfältigen wirst.
2. Du wirst dasselbe mit Maria tun,
die Mich getragen, zur Welt gebracht, gestillt, gekleidet hat,
die die Ergebenheit der Engel erreicht hat, die Mir dienen; ...
32 1. Mohammed, Mein Bote der vor dir gekommen ist, hat gelehrt, daß Jesus nicht Gott ist,
daß diejenigen, die solches glauben, gottlos sind.
2. Meine Hand hat die Lippen Meines Boten gesalbt; sein Lehren ist wahr: der Mensch Jesus ist nicht Gott,
es ist der Christus, Der Gott ist,
Ich bin es, geboren von Jesus, geboren von Maria.
Ein Zwischenraum länger als ein Sonnenstrahl geht von Jesus zu Christus, die unendliche Distanz, welche die Erde vom Himmel trennt,
er hat sie überwunden, weil er seine Schritte in die Meinigen gesetzt hat ...
12 4. Höre, Mensch Michael, hier ist das Gebet der Sünder, wie Ich es Meinen Zeugen übergeben habe, das sie aber der Welt nicht übergeben konnten:

---

[118] Erste Ausgabe Arès: Maison de la Révélation 1974; 1977 hatte Potay noch eine Theophanie-Erfahrung in fünf Wiederholungen, deren Offenbarungen in „Le Livre" niedergelegt wurden; die vollständige Ausgabe erschien erstmals 1984 zusammen mit „l'évangile" (La Révélation d'Arès Intégrale, 2. Aufl. 1987); vgl. dazu auch Jean-François Mayer, „Michel Potay et la Révélation d'Arès", Fribourg: Les Trois Nornes 1990.

VATER DES UNIVERSUMS,
DU ALLEIN BIST HEILIG.
DEINE HEILIGKEIT HERRSCHE ÜBER UNS
DAMIT WIR DEINEN WILLEN TUN,
DAMIT WIR UNSERE NAHRUNG BEKOMMEN,
DAMIT WIR VERGEBEN UND VERGEBUNG EMPFANGEN KÖNNEN,
DAMIT WIR DEN VERSUCHUNGEN WIDERSTEHEN KÖNNEN
UND DAS BÖSE WERDE VERNICHTET
DAMIT AUF EWIG ÜBER UNS HERRSCHEN
DEINE HEILIGKEIT, DEINE KRAFT UND DEIN LICHT.
5. Dreimal täglich, einmal in der Nacht ...
wird der Sünder beten wie Ich es vorschreibe."[119]

Die Texte halten zwar klar fest, daß Jesus nicht Gott ist. Doch
spricht Gott in der ersten Person durch ihn und sagt, der Mensch
Jesus sei zwar nicht Gott, wohl aber Christus. M. Potay als „Prophet" meint dazu, daß einerseits jeder Mensch, welcher sich im
Glauben und bezüglich der Geistesgabe der Prophetie so weit
erhebe wie Jesus, analog auch ein Christus sei. Andererseits sei die
Beziehung zwischen Gott und Jesus ein Geheimnis, das dem Menschen eben unverständlich bleibe.[120] Die Botschaft stellt sich in die
Tradition Abrahams und lehrt die Verbrüderung mit den Synago-
gen und Moscheen. Der Koran wird der Bibel gleichgestellt, ja sogar als weniger durch menschliches Traditionswirken verfälscht
qualifiziert. Scharfe Kritik übt der sich offenbarende Jesus (?) an
religiösen Würdenträgern, speziell an denen des Christentums. Die
Bewegung von Arès soll ohne Strukturen und Geistlichkeit aus-
kommen. Auch der Prophet selber ist nur „Ausrufer", nicht
„Chef". Die Welt muß sich ändern, nicht nur bezüglich der Rück-
bindung an Gott, sondern auch in Richtung auf einen menschlichen
Umgang miteinander. Das Miteinander anstelle des Gegeneinan-
ders der drei monotheistischen Religionen im Abendland, das Jesus
in diesem Evangelium fordert, ist ein Beitrag dazu. Die Botschaft
macht sogar den Eindruck, daß sie eine Synthese zwischen dem

[119] Zitate aus dem Evangelium von Arès, Ausgabe „Révélation d'Arès Integrale",
Übersetzung des Autors, Hervorhebungen und Großschreibungen im Original.
[120] Révélation d'Arès Integrale, S. 135.

Christentum und dem Islam sucht. Die Fünfzahl der Kulthandlungen, welche sie fordert (Taufe, Gedenken an den Opfertod Jesu, Einhalten des Ruhetages, Vermählung und Begräbnis) deutet als zusätzliches Indiz darauf hin.

Im Oktober und November 1977 empfing Potay im Verlauf von fünf Gotteserscheinungen als weitere Offenbarungsschrift „das Buch", dessen fünfzig Kapitel in einer abgehackten und dunklen Sprache gehalten und daher vom Empfänger der Worte kommentiert sind:

„Ich bin (hier). Du komm (her), der (die) Bru(e)der kommen (her). Die Lippe nimmt das Feuer in Meiner Hand. Die Stirn brennt. Das Feuer tritt ein in den Menschen." (Livre XLI,1-5)

(Kommentar:) „Seine tatsächliche Anwesenheit am Ort der Gottesoffenbarung bestätigend lädt Gott hier die Gläubigen (*die Brüder*) zur Nachfolge des Propheten ein ... *Das Feuer* hat hier die Bedeutung der Kraft, der Gnade. Der Pilger wirft sich nieder, *Stirn* und *Lippen* auf dem Boden, an dem Ort, an dem die Lichtsäule aufragt, die dort ihren göttlichen Abdruck hinterläßt. Sogar der gottlose oder in Zweifeln befangene *Mensch* ..., der einwilligt, sich demütig auf diesen Boden zu werfen, ihn zu küssen, wird eine Kraft (*das Feuer*) empfangen."[121]

Dieses Buch erwähnt übrigens je einen schwarzen und einen weißen König, die der guten Botschaft von Arès entgegentreten, weil sie ihre Machtausübung stört. Der weiße König steht für den Papst und alle religiöse Machtausübung, der schwarze König für die gesellschaftlichen, kulturellen und ideologischen Mächte der Welt. M. Potay wurde 1929 geboren und war ursprünglich Ingenieur, bis er 1964 die Praxis des - therapeutisch verstandenen - Okkultismus zu seinem Beruf machte. Bereits nach dem Tod seines Vaters 1942 war er durch seine Mutter mit spiritistischen Zirkeln in Berührung

---

[121] „Das Buch", ebd. S. 332-33; Übers. d. A., Hervorhebungen im Original; die in Klammern stehenden Ergänzungen des Textes sind vom Propheten Potay „zur Vervollständigung des Satzbaus, besserer Aussprache und Satzmelodie eingefügt worden" (Révélation Intégrale, a.a.O., S. 238)

gebracht worden. Er wandte sich dann dem Christentum zu und wurde erst Diakon der Katholisch-orthodoxen Kirche von Frankreich, dann Bischof und Exarch der „lebendigen orthodoxen Kirche"[122]. 1973 verzichtete er auf letzteren Titel und zog sich zur Gründung einer Gebetsgemeinschaft nach Arès zurück. Dort hatte er kaum zwei Wochen nach seinem Einzug die erste Offenbarung.

Von allen Neuoffenbarungen durch einen „Jesus" ist dies sicher noch die seriöseste. Sie zeigt einige der typischen Zeichen der Prophetie - das Auserwähltsein wider Willen, das Leiden unter den Gottesoffenbarungen, seine Einsamkeit und bestätigt in vielen Aussagen die neutestamentliche Botschaft vom liebenden Gott. Der Mensch Michel Potay ist von den Offenbarungen als Ganzer betroffen und nicht nur reiner Kanal. Die Forderung nach der Zusammenarbeit derjenigen Religionen, welche auf der Tradition Abrahams beruhen, entspricht unserer Zeit - nicht nur in Frankreich - und neuerem theologischen Denken.

Andererseits ist nicht zu übersehen, daß die Geistlichkeit im bekannten Stil der Neuoffenbarungen pauschal kritisiert wird. Es ist wohl auch etwas zu einfach geurteilt, wenn man dem islamischen Koran weniger menschliche Verfälschung zuschreibt als der Bibel. Der Islam glaubt zwar an seine Herabkunft vom Himmel. Insofern weist das von Jesus selbst diktierte Evangelium von Arès sogar ähnliche Züge auf. Doch ist auch der Koran (wie die Bibel) nach religionswissenschaftlicher Erkenntnis nicht frei von menschlichen Einflüssen, da er - wie alle heiligen Bücher - von *Menschen* aufgeschrieben und weitergegeben wurde. Ob daher Abraham, Moses, Jesus, Mohammed und Michel Potay so ohne weiteres auf dieselbe Ebene gestellt werden können, scheint mir angesichts der teilweise großen Unterschiede von Zeit, Kultur, Situation und Gottesverständnis doch fraglich. Und wenn die Distanz zwischen Jesus und Christus so groß ist, wie der zitierte Text beschreibt - ist Gott dem Menschen durch den neutestamentlichen Jesus dann nicht doch noch einiges näher gekommen? Im Neuen Testament überwindet nicht der Mensch Jesus die Distanz, sondern *Gott* überwindet sie, indem *das Wort Fleisch* wird.

---

[122] Eine 1922 gegründete, von der kommunistischen Regierung geförderte und auch unter den Exilrussen aktive Abspaltung des orthodoxen Patriarchates von Moskau.

III. Weitere, weniger bekannte Neuapokryphen

1. Evangelien auf schriftlicher Grundlage

Zu den Evangelien, welche beanspruchen, auf einer antiken schriftlichen Quelle zu beruhen, gehören das „Urevangelium der Essäer", das „Friedensevangelium der Essener" und das „Evangelium des Judas Ischarioth". Daneben tauchen in der esoterischen Literatur hin und wieder Zitate aus oder Berichte über weitere Texte dieser Kategorie auf:

a) „Evangelium des Barnabas"

Durch seinen Namen[123] erhebt diese Schrift den Anspruch auf eine apostolische Urheberschaft. Sie ist aber nicht zu verwechseln mit dem apokryphen Barnabasbrief aus dem 2. Jh. oder den Barnabas-Akten aus dem 5. Jh.. Denn sie tauchte erst im späten 16. Jh. auf - ihr Verfasser gehörte wahrscheinlich. zu den Muslim, die sich im Zuge der christlichen Rückeroberung Spaniens unter dem Druck der Inquisition taufen ließen.[124]

Inhalt und Handlung folgen im wesentlichen dem Neuen Testament. Jesus wird jedoch nicht durch Johannes den Täufer angekündigt und ist als Vorläufer Mohammeds dargestellt. Er lehnt selbst einen göttlichen Status ab (vgl. das oben besprochene „Evangelium von Arès"). Mohammed und das islamische Glaubensbekenntnis werden erwähnt und Jesus stirbt nicht am Kreuz, sondern wird entrückt. Letzteres entspricht der gängigen islamischen Ansicht, wie sie aus den Suren des Koran hervorgeht:

---

[123] Nach dem laut Beskow (Strange Tales about Jesus, Philadelphia: Fortress Press 1983, S. 11) einzigen italienischen Manuskript: „Wahres Evangelium von Jesus, genannt Christus, ein neuer Prophet, der Welt von Gott gesandt, nach einer Beschreibung von Barnabas, seinem Apostel" (Übersetzung d. Verf.).

[124] Die historische Wahrheit der einleitenden Angaben einer lange verloren geglaubten, aber teilweise erhaltenen spanischen Ausgabe (siehe hierzu J.E. Fletcher, „The Spanish Gospel of Barnabas", Novum Testamentum 18/1976: 314-320) wird von Beskow (a.a.O.) bezweifelt. Demzufolge hätte ein Fra Marino das Buch in der Bibliothek von Papst Sixtus V. (1585-90) gefunden.

„Allah sprach: Ich will dich, oh Jesus, der Menschen Tod
sterben lassen, zu mir erheben und dich von den Anwürfen der
Ungläubigen reinigen (3,56). Sie haben ihn aber nicht getötet
und nicht gekreuzigt, sondern es schien ihnen so." (4,158)[125]

b) Das „lateinische Kindheits-Evangelium"

1904 wurden diese in altertümlichem Latein geschriebenen Kindheitsgeschichten Jesu vom französischen Dichter Catulle Mendès
publiziert - evtl. einfach zur Unterhaltung, oder um den Gelehrten
einen Streich zu spielen. Das Evangelium sollte von Petri Hand
stammen und in einer österreichischen Abtei gefunden worden sein.
Man fand jedoch bald heraus, daß es sich um eine romantisierende
Zusammenfassung von vier apokryphen (d.h. antiken) Kindheitsevangelien handelt.[126]

c) Das „Evangelium des Josephus"

Griechisch ist die Sprache des Manuskriptes, welches Luigi Moccia
1927 in einem Antiquitätenlade im doppelten Boden eines Gefäßes
entdeckt haben will. Dem Vernehmen nach stammte es aus dem 3.
oder 4. Jh.[127] Nach dem Anspruch, der aus dem Inhalt des Textes
hervorgehen soll und gemäß den Aussagen des Entdeckers handelte
es sich um die den vier kanonischen Evangelien zugrundeliegende
Handschrift des Josephus aus dem Jahre 70. Allerdings war die
Schreibweise zu modern für ein solches Alter und es wurde bald
ruchbar, das Luigi Moccia die Blätter selbst beschrieben hatte - die
Schrift ist nichts als eine moderne, antik aufgemachte Evangelienharmonie, d.h. ein Zusammenschnitt der vier neutestamentlichen
Evangelien.

---

[125] Andere Übersetzungsmöglichkeit: ... ihn aber nicht getötet und nicht gekreuzigt,
sondern einen anderen, der im ähnlich war. Nach „Der Koran" übertragen von L.
Ullmann und neu bearbeitet und erläutert von L. Winter, München: Goldmann 1959.

[126] James, „The apokryphal New Testament", Oxford, 5. Aufl. 1955, S.89; es handelt
sich um die antiken Apokryphen Protoevangelium des Jakobus, Pseudo-Matthäus., das
lateinische Thomas-Evangelium. und das arabische Kindheitsevangelium.

[127] Edgar J. Goodspeed, Modern Apokrypha, Boston: Beacon Press 1956, S. 76-80.

d) Das „geheime Evangelium des Markus"

Die Echtheit dieses Apokryphons ist umstritten[128], d.h. es ist nicht ganz klar, ob es sich um ein apokryphes oder um ein neuapokryphes Evangelium handelt. Morton Smith berichtet, er habe 1958 im Kloster Mar Saba bei Jerusalem das griechische Manuskript eines bisher unbekannten Briefes des Clemens von Alexandria gefunden und fotografiert. 1973 gab er den Text heraus. Clemens warnt darin seinen Adressaten Theodorus vor einer gnostischen Fälschung des Markusevangeliums und zitiert aus dieser. Die Handlung des Zitates ist auf den ersten Blick nicht auffällig. Sie spricht von der Auferweckung eines Toten und der Beziehung Jesu zu ihm. Aus der Wortwahl schließt Smith jedoch, daß Jesus als Magier aufgetreten sei, selbst getauft habe und Andeutungen von Homosexualität aus dem Taufritual sprächen - Thesen, welche Smith allerdings schon vor 1958 vertrat.

Ich erwähne das Manuskript hier, weil es im selben Stil wie die Neuapokryphen als sensationelle Entdeckung angepriesen wurde, obwohl nur Smith selber je ein Original der Schrift sah - es sei nicht mehr aufzufinden, berichtet er - und das, was Smith in das Manuskript hineinliest, den Aussagen mancher Neuapokryphen verwandt ist.

2. Offenbarte und empfangene Evangelien

Zu dieser Art von Evangelien müssen sicher diejenigen von Jakob Lorber gerechnet werden - „das große Evangelium Johannis", aber auch das „Quellenevangelium" („Pathiel", 1840), das „Evangelium der Berge" („Großglockner", 1842) und das „Jakobusevangelium" (=„die Jugend Jesu", 1843/44). Ouseleys „Evangelium des vollkommenen Lebens" (= „Evangelium der heiligen Zwölf") will zwar auf schriftlichen Quellen beruhen, diese wurden aber doch nicht im Original, sondern visionär geschaut. Visonären

---

[128] Beskow, Strange Tales, S. 96-103; H. Merkel hält das Evangelium für ein auf der Grundlage der kanonischen Evangelien beruhendes echtes Apokryphon, das in einem - vermutlich falschen, aber antiken - Clemensbrief zitiert wird (Hennecke, Neutestamentliche Apokryphen, Tübingen: Mohr, 5. Aufl. 1987, S. 89-92).

Erfahrungen (bzw. der sogenannten „Akasha-Chronik") entspringen auch „A und Ω" von G. Wittek, das „Wassermann-Evangelium" von L. Dowling, das „Fünfte Evangelium" von Rudolf Steiner, das „fünfte Evangelium" von Hans Naber und das „Evangelium von Arès". Ein weiteres ist noch zu erwähnen:

„Evangelium des Jakobus"

Dieses aus mehreren Offenbarungen in der „Fraternität Silvani"[129] der Jahre 1920-24 zusammengefaßte Neuapokryphon zeigt inhaltlich wenig Ähnlichkeiten mit dem Jakobusevangelium von Jakob Lorber (vgl. S. 83; und damit auch wenig Anklänge an das apokryphe „Protevangelium des Jakobus").

„Jakobus", der Bruder Jesu, schildert die Jugend Jesu bis zum Beginn der öffentlichen Wirksamkeit, so wie er sie erlebte. Jesus ist der begabte Sohn von Maria und Joseph, sein Vertrauter Jakobus steht ihm auch gegenüber dem Unverständnis der anderen Brüder und der Mitmenschen bei und berät ihn in Situationen innerer Unsicherheit und in den Fragen eines Heranwachsenden. Zusammen reisen sie in die Wüste, wo Jesus zu seinem Weg findet, den er hernach allein weitergeht und durch eine Ausbildung in Ägypten vervollkommnet, bis er zu seiner Berufung durch Gott stehen und seine Mission aufnehmen kann.

3. Texte zum Prozeß und Tod Jesu

Der „Essäer Brief", der vor allem „wichtige, historische Enthüllungen über die wirkliche Todesart Jesu" (so der Untertitel) vermitteln will, gehört hierher. Daneben gibt es aber noch eine ganze Gruppe von Schriften, die auch heute immer wieder einmal zitiert und verwendet werden, obwohl sie nicht zu den ohne weiteres allgemein erhältlichen Druckwerken zählen:

---

[129] In dem kurzen Vorwort wird erwähnt, daß diese Fraternität sich in Berlin zusammenfand und zur Zeit der Herausgabe des Büchleins (1982) noch ein Mitglied dieser Gruppe lebte. Aus verlegerrechtlichen Gründen mußte der ursprüngliche Titel Evangelium des Jakobus in „Botschaft des Jakobus" abgeändert werden (Baden-Baden: Verlag dem Wahren-Schönen-Guten 1982 (sic)).

"Protokolle" des Todesurteils und des Prozesses Jesu

Diese schnell als Fälschung erkannte und doch immer wieder zitierte und verwendete Textgruppe hat eine komplizierte Geschichte.[130] Hier mögen einige Hinweise genügen, so z.B., daß in den „Pilatusakten" der Widerwillen des Römers gegen die Hinrichtung zum Ausdruck kommt. Das „Todesurteil Jesu" hingegen, das doch auch von römischer Hand stammen müßte, macht ihn voll verantwortlich. Die „Protokolle des Sanhedrin" (der jüdischen Oberbehörde) legen die beiden Prozesse Jesu (vor Pilatus und dem Hohen Rat) zusammen und zeigen die auseinandergehenden Meinungen der Juden über Jesus.

„Todesurteil" und „Sanhedrinprotokoll"[131] stammen - wenn auch nicht in der heute vorliegenden Form - beide aus dem 16. Jh. Die Pilatusbekenntnisse (bzw. -protokolle, -akten) wurden von Reverend W.D. Mahan 1879 publiziert[132] und sind nicht mit den einige Jahre vorher von Constantin von Tischendorf herausgegebenen *apokryphen* Pilatusakten zu verwechseln.[133]

---

[130] Beskow, Strange Tales, S. 16-24, 51-56; Goodspeed, Modern Apokrypha, S. 28-49, 92-96.

[131] Das Todesurteil (auch „die Kupferplatte von Aquila") wurde im 19. Jh. zuerst in Zeitungen veröffentlicht (1839/49), es stammt vermutlich aus dem 16. Jahrundert; siehe auch Rudolph Hofmann, Das Leben Jesu nach den Apokryphen, Leipzig: Voigt 1851, S. 331f; die „Protokolle des Sanhedrin" wurden 1581 herausgegeben.

[132] Unter dem Titel „A Correct Transcript of Pilate's Court"; das Büchlein mußte schon im nächsten Jahr neu aufgelegt werden und erschien als „The Acta Pilati", kommentiert von Rev. Georges Sluter; der Erfolg ließ Mahan noch weitere Dokumente (er)finden, die er 1884 zusammen mit dem vorhandenen als „The Archeological and the Historical Writings of the Sanhedrin and Talmuds of the Jews, Translated from the Ancient Parchments and Scrolls at Constantinople and the Vatican at Rome" herausgab (abgekürzt bekannt als Archko Library oder Archko Volume, vgl. Beskow, Strange Tales, S. 54 u. 120 Anm. 64).

[133] Siehe z.B. bei Hennecke, Neutestamentliche Apokryphen, a.a.O., S.395-414; R. Hofmann (Leben Jesu, a.a.O.) druckt auf S. 470-74 drei Briefe des Pilatus als Anhang des Nicodemus-Evangeliums ab, die bereits 1804 veröffentlicht wurden.

4. Ergänzungen des Neuen Testamentes

Manche Schriften wollen „nur" das neutestamentliche Wissen über Jesus ergänzen. Dies kommt schon im Titel der „Lücke im Leben Jesu" von N. Notowitsch zum Ausdruck. Zusätzliche und klärende Informationen zu den Evangelien sollen auch „das mystische Leben Jesu" und „Jesât Nassar genannt Jesus Christus" geben, obwohl es sich hierbei eigentlich um eigenständige Berichte über das Leben und Wirken Jesu handelt. Ich möchte aber noch drei weitere Texte erwähnen:

a) Der „Brief des Lentulus"

Dieser Brief ist eine Beschreibung des Aussehens Jesu. Sie entspricht den Vorstellungen der mittelalterlichen Kunst, was auf die tatsächliche Datierung der Schrift hinweist. Publius Lentulus soll ein römischer Statthalter gewesen sein. Der Text stammt jedoch aus dem 13. Jh., ist wiederholt kopiert und übersetzt und auch in neuester Zeit zitiert worden.[134]

b) Der „Benanbrief"

Der Brief des ägyptischen Arztes Benan wird als eine koptische Papyrusrolle aus dem 5. Jh. beschrieben, welche selbst die Übersetzung des griechischen Originals aus dem Jahr 83 sein soll.[135] Herausgegeben wurde er 1910 in Berlin durch einen Herrn von der Planitz, der ihn 1879 von Baron von Rabenau geerbt haben will, der ihn seinerseits 1860 in Ägypten kaufte. Benan berichtet in dem Brief, was er über Jesus weiß: Ägyptische Weise hätten den Stern von Bethlehem erkannt und Jesus sei demzufolge unter der Obhut ägyptischer Priester erzogen und zum Arzt ausgebildet worden. In seine Heimat gesandt wurde er nach drei Jahren verurteilt und hingerichtet. Ägyptische Freunde seien an sein Grab gekommen und erste Zeugen der Auferstehung geworden.

---

[134] Hofmann gibt auf S. 291f. eine deutsche Version des Textes wieder; Goodspeed (Modern apokrypha) erwähnt weitere Ausgaben und Verwendungen auf S. 89f.

[135] Goodspeed, a.a.O., S. 50ff.

Der Brief ist ein weiterer Versuch, die Heilungswunder Jesu naturwissenschaftlich zu erklären und seine Vollmacht auf die Basis eines menschlichen Auftrages (und sei es ein priesterlicher) zu stellen. Eine Überprüfung des Originalmanuskriptes ist auch hier nicht möglich.

c) Die „Jesus-Rolle"

Donovan Joyce beansprucht, diese Rolle[136] im Auftrag eines Prof. Max Grosset aus Israel herausgeschmuggelt zu haben. Letzterer habe sie 1963 während der Ausgrabungen in Massada gefunden und nicht abgeliefert, da sie eine „Bombe für die Christenheit" darstelle. Die aramäisch geschriebene Rolle will am 15. April 73 n. Chr. auf Massada verfaßt sein - vom 80jährigen Jesus von Genezareth, dem Sohn Jakobs und letzten der Makkabäer-Dynastie. Inhaltlich geht es um Abschied - es ist die letzte Nacht vor dem Untergang der Festung.
Die scheinbare Bedeutung des Manuskriptes liegt im Anspruch des Übersetzers Grosset, daß es sich beim Autor um *den* Jesus handle. Dies wäre jedoch nicht einmal dann sicher, wenn die Rolle echt wäre. Denn Jesus (Jehoschuah = „Gott ist Hilfe") war angesichts der Bedrängnisse in der damaligen Zeit ein recht häufig benutzter Name.

Manche Ergänzungen des Neuen Testamentes führen uns allerdings zeitlich noch weiter. Diejenigen Schriften, welche Jesus in Kashmir begraben sein lassen, schreiben ihm ein Alter von ca. 100 Jahren zu. „Das Buch Mormon" reicht dann mit seiner Darstellung antiker Ereignisse bereits bis in die Anfänge des 5. Jahrhunderts. Die Offenbarung der „Göttlichen Prinzipien" will gar die Gegenwart einbeziehen.
Zwei weitere Bücher wollen aber noch weitere Ereignisse aus der biblischen Zeit beschreiben und beanspruchen, aus jener Zeit zu stammen. Dabei befassen sie sich jedoch mit Vorstellungen der Neuzeit, die nicht nur esoterisch, sondern auch historisch nicht unerheblich sind:

[136] Publiziert bei Angus & Robertson 1973; Paperback bei Sphere Books 1975.

d) „Fortsetzungen" der Apostelgeschichte

Das 29. Kapitel der Apostelgeschichte[137] soll als griechischer Text von C.S. Sonini aus den Archiven des Sultans Abdul Achmed in Konstantinopel mitgebracht und übersetzt worden sein. Es ist eine Schrift zur Untermauerung der sogenannten „British-Israel-These"[138]. Dabei ist daran zu denken, daß bereits ab dem 8.Jh. eine Tendenz in den Bistümern bestand, ihre apostolische Gründung mit Geschichten über den Besuch von Aposteln oder apostolischen Vätern zu begründen.[139] Es handelt sich hier um einen Auswuchs der Romantik und des Nationalismus, der auch zu kolonialistischen Zwecken mißbraucht wurde.

Das zweite Buch der Apostelgeschichte[140] will schlicht durch Aussagen Marias untermauern, daß sie und Jesus von der Reinkarnationslehre überzeugt waren. Theosophische Zirkel versuchten das zu Anfang unseres Jahrhunderts zu beweisen, esoterische Kreise behaupten solches bis heute - mit Hinweis auf die böswillige Zensur durch die Kirchen (vgl. S. 89).

---

[137] Geo. J. Stevenson, The long lost chapter of the Acts of the Apostels containing an account of the Apostle Paul's journey into Spain and Britain and other interesting events, London 1871.

[138] Sie besagt, das die Briten Abkömmlinge der verlorenen Stämme Israels sind - eine These, die in entsprechend adaptierter Form im Buch Mormon (vgl. 3.Nephi 16,1; 17,4; vgl. S. 96) auftaucht, von der Ahmadiya-Mission für Afghanen und Kashmiris in Anspruch genommen wird und auch in Japan geläufig ist (vgl. S. 48, 77) - mit den entsprechenden Anpassungen. Die neueste These ist die einer arabischen Herkunft und des arabischen Schauplatzes der Bibel (Kamal Salibi, Conspiracy in Jerusalem, London 1988).

[139] W. Speyer, Fälschung, in „Reallexikon für Antike und Christentum" Bd.VII: 236-77 (Stuttgart: Hiersemann 1969), S.264.

[140] Kenneth Sylvan Guthrie, The Long-Lost Second Book of Acts, Medford MA: Prophet Publishing House 1904.

IV. Ein esoterischer Christus ?

1. Christusvorstellungen und ihre Zeit

a) Allgemeines

Im Verlauf der Geschichte traten wiederholt Propheten neuer Offenbarungen auf, und am Rande der Kirche überlebten zahlreiche der apokryphen Texte. Im Zusammenhang mit historisch-kritischen Untersuchungen des Neuen Testaments wurden solche Texte veröffentlicht und allgemein zugänglich. Eine kritische Entmystifizierung der Bibel und der Person Jesu setzte ein. Im Zuge der Liberalisierung konnten neue Schriften mit Offenbarungsanspruch von den Kirchen nicht mehr zum Schweigen gebracht werden und haben durch die modernen Kommunikationsmittel ein breites Angebot an Verbreitungsmöglichkeiten zur Verfügung. Die Beschäftigung mit außerbiblischen Quellen und medialen Propheten ist gewissermassen salonfähig geworden.

Auf der anderen Seite wird die Christenheit nie in der Lage sein, die Biographie Jesu mit absoluter Sicherheit zu rekonstruieren. Von daher kann eine Kritik an den Neuapokryphen sich nur auf die Analyse der Quellenqualität, auf einige gesicherte historische Daten und auf die (Un-)Wahrscheinlichkeit geschichtlicher Angaben stützen. Es ist nach heutigen Erkenntnissen nicht als unmöglich anzusehen, daß ein Einwohner des römisch verwalteten Palästina auf den Handelswegen seiner Zeit nach Indien gelangen konnte. Es ist nicht zu beweisen, aber auch nicht zu widerlegen, daß der Apostel Thomas bis nach Kerala in Südindien gelangte. Die Beziehungen der Region zu Ägypten sind bekannt, ebenso das verbindende Element des Hellenismus und die Vernetzung der Stützpunkte der römischen Macht, welche Reisen nach und Einflüsse aus westlichen Regionen (z.B. Griechenland) ermöglichten.

Ebenso wissen wir um die Existenz von Geheimlehren, Geheimbünden, Heilkünsten und magischen Ritualen, welche Priestern und/oder Eingeweihten einerseits heilende bzw. heilsvermittelnde

Fähigkeiten und Macht, andererseits einen Zugang zur letzten Wirklichkeit verschaffen sollten. Und es gibt genug Berichte über Gestalten wie Apollonios von Tyana oder Simon Magus (Apg 8), welche diese Fähigkeiten erlernten und sie durchaus auch zum Nutzen ihrer Mitmenschen einsetzten - so sehr, daß einige später als göttliche Rettergestalten (Sotér) angesehen wurden. Die Frage ist, ob der Jesus des Neuen Testaments ein *solcher* Sotér war.

Sie läßt sich nicht anhand von rein historischen Kriterien beantworten. Daher genügt es auch nicht, die Neuapokryphen nur auf dieser Ebene zu analysieren - wiewohl dies zur Abweisung ihres Anspruches auf kanonische (d.h. geistgewirkte) Autorität bereits genügen könnte. Doch es zeigt sich, daß die in ihnen auftauchenden Themen Ansichten beinhalten, welche die Christenheit von Anfang an als Herausforderung begleiteten und zu Entscheiden und Unterscheidungen in der Lehre über die Natur und das Wesen Christi nötigten. Der Prozeß des Nachdenkens darüber, wer dieser Jesus Christus eigentlich ist, wie sich seine Beziehung zu Gott und zu den Menschen gestaltet und in welcher Weise er darauf aufbauend etwas zu unserem Heil beitragen kann, ist auch heute noch nicht abgeschlossen. Und die Neuapokryphen entsprangen und entspringen nicht in erster Linie historischer Neugier und kirchenkritischen Enthüllungsversuchen, sondern gerade auch der drängenden Suche nach Antworten auf diese und andere christologische Fragen - nach Antworten für unsere Zeit.

Im weiteren hat der intensivierte Kontakt der Religionen und Weltanschauungen es mit sich gebracht, daß von unserer Anschauung abweichende Verständnis- und Sichtweisen von Jesus entstanden. Keine Religion, keine religiöse Gruppe, die ihre Lehre unter Christen vertreten will, kommt umhin, Jesus in ihre Betrachtungen einzubeziehen. Es ist als normal anzusehen, daß dabei nach Ansatzpunkten gesucht wird, die es erlauben, die Person und Botschaft Christi mit dem eigenen Anliegen in Übereinstimmung zu bringen (und damit eventuell christliche Hemmschwellen zu beseitigen). So kann der Islam Jesus durchaus als gottgesandt, ja als Wort und Zeichen Gottes (Logos) mit einer wichtigen Aufgabe bezeichnen. Der Buddhismus spricht vom Christus in uns als Wahrheit, afrikanische Theologie von Jesus als Initiationsmeister und Urbild der Ahnen, und indische Theologie setzt sich mit den Avatar- und

Guruvorstellungen auseinander[141]. Entstehung und Lehren indischer und japanischer Neureligionen sind weitere Hinweise auf diesen Prozeß.

Eine dritte Grundlage der Entstehung neuer Evangelien ist die Aufklärung. Schon im Mittelalter gab es Auseinandersetzungen um die Vernunftgemäßheit der christlichen Glaubenssätze. Einige betrachteten sie als einer dem Menschen verborgenen, höheren Vernunft zugeordnet, andere sahen sie als widervernünftig und eben gerade darum zu glauben an. Das Vernunftdenken der Aufklärung und die sich entwickelnde Wissenschaft taten sich jedoch sehr schwer mit solch einfachen Ansichten. Insbesondere der ganze Komplex der Wundergeschichten und die Auferstehung Christi waren mit den neuen Erkenntnissen schlechthin nicht in Übereinstimmung zu bringen.

b) Scheintod, Essener und Reisen

Es war denn auch die Theologie der Aufklärung, welche die Scheintod-These hervorbrachte (siehe oben). Die Essener lieferten eine willkommene Erklärung für alles Wunderbare und so brachte die Zeit einen Jesus hervor, an dem alles logisch und vernünftig schien. Die ersten modernen Neuapokryphen waren eigentlich nichts als Weiterungen der liberalen Theologie ihrer Umgebung. Vernünftige Zugangsmöglichkeiten zum Neuen Testament sollten auch das Volk wieder der Religion zuführen.

Gleichzeitig regte sich mit dem wachsenden Bewußtsein der Vielfalt der Weltkulturen auch ein Interesse für andere Religionen. Missionare entdeckten Parallelen zur Jesusüberlieferung in anderen Religionen, welche sie in ihrer christlich geprägten Wahrnehmungsweise studierten. So fanden sich auch in Mittelamerika Legenden von über das östliche Meer gekommenen Menschen und die Erwartung eines weißhäutigen Erlösers. Das Buch Mormon antwortet auf diese Traditionen, auf die Frage nach der geschichtlichen Identität Amerikas und auf brennende theologische Fragen seiner damaligen Gegenwart: Kindertaufe, Rechtfertigung, Kirchenregime, Trinität, Gottesebenbildlichkeit.

---

[141] Karl-Heinz Ohlig, Christologie Bd.II, Graz: Verlag Styria 1989.

Andererseits regte sich auch Widerstand gegen die Anschauungen der liberalen Vernunft-Theologie, die in der Frage gipfelten, ob Jesus überhaupt gelebt habe. So tauchten Belege auf, welche die Geschichtlichkeit direkt beweisen sollten: Der „Brief des Lentulus", verschiedene Versionen von Urteilsdokumenten und Prozeßprotokollen, das „lateinische Kindheitsevangelium" ... Auch die „Evangelien" Jakob Lorbers können in diese Zweifelszeit eingeordnet werden. Denn wer könnte besser für die Geschichtlichkeit Jesu bürgen als Jesus selbst? Zumal die Liberalisierung der Theologie die Veröffentlichung seiner Durchgaben erst möglich machte - er hatte allerdings noch genug Schwierigkeiten mit der Zensur. Es regte sich eine neue Art von Fundamentalismus, der zwar die Ergebnisse der historisch-kritischen Forschung bezüglich der biblischen Evangelien skeptisch betrachtete, aber Inschriften und Handschriften jeglicher Art sehr wörtlich zu nehmen geneigt war, wenn sie in das gesuchte Bild paßten.

Die Theosophische Gesellschaft, welche 1875 gegründet wurde, sowie das Interesse für asiatische Philosophie und für Reiseromane stehen im Hintergrund des nächsten Schubes neuapokrypher Veröffentlichungen. Neben der Suche nach Vernunft und nach geschichtlichen Beweisen ist das Streben nach Vollkommenheit eine weitere Form der Auseinandersetzung mit dem neutestamentlichen Geschenk. Denn letzteres ist nicht vernünftig - und widerspricht der durch die stürmische technische, wissenschaftliche und industrielle Entwicklung verbreiteten Anschauung, daß der Mensch selbst sein Geschick in die Hand nehmen müsse - und könne. So fand N. Notowitsch („Die Lücke im Leben Jesu") in seinem Jesus einen weitgereisten Lehrer eines Weges zur sittlichen Reinheit und Vollkommenheit, deren die Seele bedarf, um ins Himmelreich eingehen zu können.[142] Theosophische, freimaurerische, Rosenkreuzer- und anthroposophische Zirkel suchten im Sinne der Philosophie der Aufklärung nach noch allgemeineren, universelleren Ordnungsprinzipien dieses Weges. Ihnen ging es weniger um die Religion Jesu als um das Universell-Religiöse an Jesus. Ziel: Der Mensch soll seine eigene *relative* Göttlichkeit wieder übernehmen.

---

[142] Die Lücke im Leben Jesu, S.108.

c) Evolution, Rasse, Lebensreform

Jesus wurde zum Lehrer, vollkommenen Offenbarer und Prototyp des Menschen. In der Erlösungslehre zeigen sich die Auswirkungen der Evolutionstheorie und entsprechender Vorstellungen von einem geistigen Wachstum der Menschheit im Verlauf der Geschichte. Die dabei verbreitete Reinkarnationsidee entspricht dem wachsenden Bewußtsein vom Wert des Einzelmenschen und der Beschäftigung mit ihm, welche mit der Entstehung der modernen Psychologie einsetzt.

In diese Zeit fällt auch die Verbreitung der „Bewegung für Vegetarismus und Lebensreform".[143] Da die Kirchen auf diese Bestrebungen nicht reagierten, verselbständigten sich diese zur eigenen Weltanschauung und flossen auch in die Neuapokryphen jener Jahrzehnte ein. Das „Evangelium des vollkommenen Lebens", die Schilderung der Mazdaznan-Bewegung (Jesât Nassar), aber auch das „Friedensevangelium der Essener" sind vor diesem Hintergrund zu lesen.

Bedenklicher sind die Einflüsse des Nationalismus und Rassendenkens, welche ebenfalls zum Teil unabhängig von, zum Teil im Zusammenhang mit der Lebensreform aufkamen. Sie äußern sich nicht nur in den Lehren über die Abstammung Jesu, sondern auch in der Empfehlung der Eugenik (Reinhaltung der weißen, arischen Rasse) als Bestandteil des Heilsweges. Solche Vorstellungen finden sich im „Evangelium des vollkommenen Lebens", im „mystischen Leben Jesu" und beim „Jesât Nassar genannt Jesus Christus" der Mazadaznan-Bewegung. Selbst im „Essäar Brief" heißt es in der Einleitung mit einer deutlich sichtbaren Wertung, daß es sich bei den Essäern natürlich keineswegs um eine im jüdischen Volk entstandene, sondern um eine viel ältere Gruppe handle. Die zwanziger Jahre mit ihrem Hang zur Esoterik, den ersten indischen Gurus und beginnenden nationalistischen Exzessen boten einen guten Boden für die Verbreitung solcher Ideen. Es ist nicht erstaunlich, daß sie einige Zeit später von sog. „Deutschgläubigen" aufgegriffen wurden (vgl. S. 77).

---

[143] Kurt Hutten schrieb darüber eine ausführliche Analyse im Materialdienst der EZW Stuttgart (33/1970). Lebensreform meint allgemein das Streben nach einem körperlich und geistig gesunden Leben und bildet mit die Grundlage des Tierschutzes, der biologischen Landwirtschaft, der Reformhäuser und der „Grünen".

114

Nach dem 2. Weltkrieg brachte Hans Naber (vgl. S. 51) mit seiner Vision vom Überleben Jesu auf Golgatha explizit auch das Anliegen vor, die Juden vom Vorwurf des Gottesmordes zu entlasten. Um die Essener wurde es nach den Entdeckungen von Qumran stiller, doch konnte es nicht ausbleiben, daß noch andere „geheimnisvolle" oder „sensationelle" Schriften in Israel endeckt wurden (die „Jesus-Rolle", das „geheime Evangelium des Markus", das „Evangelium des Judas Ischarioth"). Das „Evangelium des Judas Ischarioth" ist dabei eine Erscheinung des Raumfahrtzeitalters. Sie zeigt sich in weniger ausgefeilter Form auch in manchen Offenbarungen der Michaelsgemeinschaft von Dozwil/Schweiz (Raumschiffe als Mittel zur Entrückung vor der Endzeitkatastrophe) und einigen Aussagen des „Universellen Lebens" („Das ist mein Wort A und Ω"). Allerdings ließ schon Jakob Lorber Jesus über Astronomie und Zustände auf fremden Planeten sprechen - zu einer Zeit, als Jules Verne erst etwa 20 Jahre alt war.

d) Revolution und interkulturelle Theologie

Moderner Zeitgeist äußert sich auch im politisch-militanten Jesus, wie ihn Johannes Lehmann in mehreren Büchern darstellt[144]. Die unruhigen 68er Jahre mit ihrer harten Kritik am Establishment schimmern durch. In dieser Zeit konnte auch Adolf Holl seinen „Jesus in schlechter Gesellschaft" beschreiben, indem er einen un-konventionellen, asozialen Randgruppentyp darstellt, der überall aneckte und sich mit denen abgab, die anstießen.[145] Die beiden Autoren finden einen Vorläufer in Hermann Samuel Reimarus, dessen Thesen 1777 als „Wolffenbüttler Fragmente eines Ungenannten" posthum und anonym erschienen. Sie stellten Jesus als politischen Revolutionär dar. Solche Gedanken stehen aber in keiner Beziehung zur Befreiungstheologie, die ja Christus eben nicht als Rebel-lenführer sieht, der aus einer elitären Gruppe heraus agitiert, son-dern als denjenigen, der durch die eigene Erniedrigung befreit; als

---

[144] Der Jesus-Report - Protokoll einer Verfälschung, Düsseldorf: Econ 1970; Das Geheimnis des Rabbi J., Hamburg: Rasch & Röhring 1985.

[145] Stuttgart: Deutsche Verlags-Anstalt 1971.

den, der sowohl die Verbindung der Befreiung mit einem geographischen Gebiet als auch mit politischer Macht ablehnte[146].

Je länger je mehr ist die Christologie kein Monopol der westlichen Theologie mehr. Sie muß sich in die interkulturelle Theologie einbetten. Ein gutes Beispiel für einen solchen Versuch ist das „Evangelium von Arès", welches die aktuelle Frage nach der Identität Jesu aufnimmt, die modische Reinkarnationsvorstellung ablehnt und vor allem dem in Frankreich zunehmend brisanten Islam einen Platz in der Offenbarung Jesu einräumt. Gerade der Islam hat sich schon des längeren mit der Messiasfigur auseinandergesetzt und im spanischen Raum, in der Spannungszone zwischen Inquisitoren und Muslimen des 15.Jh. das „Evangelium des Barnabas" hervorgebracht. Ghulam Ahmad gründete die Ahmadiyya-Bewegung, eine islamische Revitalisierungsbewegung, welche nun die christliche, technisch überlegene Kultur unter die Führung eines aus dem Islam hervorgegangenen Mahdi (Messias) stellen will, indem letzterer gleichzeitig als Wiederkunft Christi gesehen wird. Außerdem werden die umgebenden Völker als verlorene Stämme Israels identifiziert.

Die Variationen dieser Idee[147] verfolgen die Absicht, dem eigenen Volk weltgeschichtliche Bedeutung zu geben oder zu erhalten. Eventuell kann der eigene Rang durch die scheinbare Verbindung mit dem „auserwählten Volk" sogar weit über den aller Nachbarvölker erhöht werden. Wenn nun der christliche Herold Jesus ein solches Volk noch selbst aufsucht, wie Ahmad es mit dem Jesusgrab in Kashmir, ostasiatische Neureligionen es mit dem Grab Jesu und seines Bruders in Japan und die Mormonen mit Jesu Erscheinen in Amerika (bei den Indianern) glauben machen wollen, dann wird es in seinem Selbstwertgefühl nochmals gestärkt. Denn durch den angeblichen Besuch Jesu wird es mit der weltweit dominierenden christlich-westlichen Kultur verbunden und bekommt einen Anteil an ihr, auch wenn dieser sich nicht

[146] Leonardo Boff, Jesus Christus der Befreier, Freiburg 1986, nach Auswahl in K. H. Ohlig, Christologie Bd. II, S. 221f. (Graz: Styria 1989).

[147] Die „verlorenen Stämme" wollen sich in Südindien, Kashmir, Afghanistan, Japan, Mexico, Nordamerika, England und wohl an noch weiteren Orten ihrer Identität bewußt geworden sein.

praktisch einlösen läßt. Im besten Fall resultiert die legendäre Begegnung sogar einem besondere Auftrag, einer (Welt-)Mission für das betreffende Volk.

So gesehen ist auch der koreanische Messias San Myung Mun eine Variante dieser kulturell-religiösen Erweckung, die im Buch Mormon ihre erste weitreichende Ausprägung fand. Der schottische Kunstmaler Benjamin Creme, der anfangs der achtziger Jahre den „Maitreya-Christus" als Verkörperung eines interkulturellen Christus[148] verkündete, ist die logische Folgerung daraus. Er vertritt schon durch die Namengebung[149] den Anspruch, die Messiasfiguren der verschiedenen Religionen (insb. Ost und West) zu vereinen und eben damit der Messias für die heutige Zeit der vereinten Welt zu sein.

2. Die drei Skandala oder Kernfragen

Die Neuapokryphen stellen immer wieder dieselben drei Punkte in Frage: Das Skandalon des Kreuzes (1Kor 1,18) und der Auferstehung, die Wunder(-Macht) des *Menschen* Jesus (und ihr Verhältnis zu 1Mos 3,5), sowie das Skandalon der jüdischen (alttestamentlichen) Wurzeln Jesu.

a) Das Kreuz

Das Kreuz wird in den meisten Fällen auf wissenschaftlicher und/ oder esoterischer Basis entmystifiziert, die Wirklichkeit des Todes Jesu wird geleugnet. Es ist *das* Geheimnis des christlichen Glaubens, das schon in der Antike als Skandal betrachtet wurde (1Kor 1,23) und noch heute Anstoß erregt. Ein schwacher Gott ergibt im Islam keinen Sinn (vgl. Phil 2,7f.) Und die vernunftbetonte Aufklärung *mußte* sich mit diesem Gegenstand des Glaubens schwertun, der mit der Vernunft allein nicht zu begreifen ist. Der heutige Mensch, der auf den Gebrauch seiner Einsichtsfähigkeit und auf

---

[148] Materialdienst der EZW Stuttgart 45/1982, S. 162-67

[149] Maitreya ist der zukünftige irdische Buddha, der Name soll bei Creme aber die Gesamtheit der asiatischen messianischen Vorstellungen integrieren.

Fortschrittsdenken, nicht auf das Hinnehmen von Leiden hin erzogen ist, hat immer noch Mühe damit und sucht nach Auswegen.

Es ist nicht nur sehr schwierig, zu verstehen, daß hier ein allmächtiger Gott auf seine Göttlichkeit verzichtet um den Menschen nahe zu sein. Es ist kaum zu fassen, daß sich Gott ans Kreuz nageln läßt. Es ist ebenso schwierig zu begreifen, was hernach durch die Auferstehung geschieht, die unlösbar zum Kreuzesgeschehen gehört. Wer nur das Leiden sieht, erkennt nicht das *ganze* Ereignis. Wer das Leiden aber hinwegerklärt, verzichtet auch auf die Möglichkeit, die Liebe und Hoffnung zu erspüren (und für sich fruchtbar zu machen), die im Kreuz und in der Auferstehung stecken. Denn die Auferstehung ist nicht eine weitere Wundertat Jesu. Sie ist *Gottes* Wirken.

b) Jesu (Wunder-)Vollmacht

Die Wundermacht wird entweder zu erlernbaren Fähigkeiten oder zum sichtbaren Zeichen der Göttlichkeit, die potentiell jedem Menschen eigen ist (vgl. 1Mos 3,5). Zwar ist der Wunderglaube wieder im Wachstum begriffen. Wunderheilige wie der indische Guru Sathya Sai Baba finden auch bei uns ein großes Echo. Doch holen gerade der Anspruch der Neuen Esoterik auf Wissenschaftlichkeit und die moderne Parapsychologie die Wunder aus dem göttlichen Bereich in die menschliche Verfügbarkeit und vereinnahmen sie. Sie werden zu einer Funktion von Begabung und Schulung, an der im Prinzip nichts Wunderbares ist. Nicht der Glaube scheint im heutigen komplizierten Leben Hilfe zu versprechen, sondern anwendbare Fähigkeiten, die mit Verstand und Hand zu be-greifen sind. Dabei hat Jesu Vollmacht, auch wenn sie sich sichtbar in Zeichenhandlungen äußert, doch vor allem die innere Bewältigung des Lebens mit all seinen eben nicht beeinflußbaren Abläufen und Fehlbarkeiten zum Ziel (vgl. Mt 9,1-8).

c) Die jüdischen Wurzeln

Jesus war Jude und wurde jüdisch erzogen. Er kannte die Torah (die fünf Bücher Mose), die Psalmen, die Propheten. Er lebte und lehrte auf der Grundlage des Judentums seiner Zeit. Das heißt, seine Gleichnisse, seine Taten, sein Vollmachtsanspruch sind nur zu verstehen, wenn wir sie vor dem Hintergrund des Alten Testaments sehen, vor diesem Bericht über die Geschichte Gottes mit den Menschen, die Jesus zur Vollendung bringt. Mit dem Empfang des eigentlichen Wissens in Ägypten oder Asien werden diese jüdischen Wurzeln aber zum zufälligen und daher zu vernachlässigenden historischen Hintergrund. Auch die Essener werden bezüglich der Herkunft ihrer Erkenntnisse und Fähigkeiten nach Asien oder Ägypten hin orientiert. Dies entspricht der Ausweitung des Blickes auf die ganze Welt, schließt aber an das Denken Marcions (2. Jahrhundert) an, der alles Jüdische aus dem entstehenden Neuen Testament zu verbannen suchte. Das Deutsche Christentum mit seiner Ablehnung des *Juden* Jesus ist Vergangenheit, die jüdischen Wurzeln Jesu finden christlicher- und jüdischerseits wieder Interesse und Anerkennung.[150]

Leider kommt es trotzdem immer wieder zu einem Aufflackern des Antijudaismus. So wird des öfteren die Verantwortung von Pilatus ab- und auf die Juden allein gewälzt (löbliche Ausnahme, kurz nach dem Krieg - auch das bezeichnend für die Zeit - der erwähnte Hans Naber), Franz Alt versucht gar in fast marcionitischer Weise das patriarchale, altestamentliche vom ganzheitlichen, jesuanisch-neutestamentlichen Denken zu trennen und erst noch den Juden die Verantwortung für die (nur antike?) Zerstörung ihres Staates aufzuhalsen[151] und Eduard Meier formuliert in seinem „Evangelium" sogar eine Rassenlehre. Hier sind heute gegenläufige Tendenzen zu beobachten, die bereits im Neuen Testament angelegt sind. Jesus knüpft an alttestamentliche Aussagen an und kann eigentlich auch nur vor dem Hintergrund jenes umfangreichen Berichtes über die Erfahrungen des jüdischen Volkes mit einem immer wieder neu liebenden Gott ganz verstanden werden. Diese sich immer aufs Neue und in verschiedenster Weise zeigende Zuwendung Gottes, die auch aus dem jüdischen Gesetz spricht, will er durch seinen vollmächtigen, eigenständigen Umgang mit dem Alten Testament bestätigen und zur Vollendung bringen.

---

[150] Z.B. Schalom ben Chorin, Bruder Jesus, München: dtv, 9. Aufl. 1986.

[151] Franz Alt, Jesus - der erste neue Mann, München: Piper 1989.

3. Fazit

Das Aufkommen und die wachsende Verbreitung neuapokrypher und neugeoffenbarter Jesusvorstellungen sind vor dem Hintergrund der theologischen und gesellschaftlichen Entwicklungen der letzten 200 Jahre zu sehen. Im Grunde sind sie eine recht verständliche Reaktion auf das Mysterium des Kreuzes und der Auferstehung, das der Vernunft - allen philosophischen Erklärungsversuchen zum Trotz - letztlich unzugänglich bleibt, genauso wie die Lehre vom Wesen Christi als Gott *und* Mensch zugleich. Venturini, der Essäer Brief und Lorber waren im Prinzip Versuche, das Christentum in dieser Zeit zu retten oder akzeptabel zu erhalten. Die Offenbarungen können dabei durchaus echte Erlebnisse sein - nur ist stets die Frage, *wer* sich da offenbart. Im „Universellen Leben" schwingen doch die Lehren der Guru-Bewegungen recht offensichtlich mit und das „Evangelium des Judas Ischarioth" ist ein „Evangelium" des Raumfahrtzeitalters. Auch die Enthaltsamkeits- und Ernährungslehren Jesu passen jeweils in ihre Zeit. In unseren Tagen mit ihrer synkretistischen Tendenz und der Wiederbelebung der Esoterik ist es kein Wunder, daß entsprechende Evangelien wieder neue Leser finden, welche diese Strömungen mit dem Christentum, in dem sie ja doch aufgewachsen sind, verbinden möchten - wobei sie den Christus der Bibel vielleicht nie richtig erspürt und verstanden haben und gerade darum nach einem neuen suchen.

Die Neuapokryphen wollen synkretistischen Entwürfen eines neuen Jesus christliche Legitimität und kanonische Geltung verschaffen. Die Ausbreitung der historischen Sicht biblischer Texte und der zunehmende Einblick in die geschichtlichen Vorgänge rund um die Kanonbildung (vgl. S. 14) lassen es vielen kirchenkritisch eingestellten, esoterisch interessierten Menschen gerechtfertigt erscheinen, nicht nur im Neuen Testament, sondern auch in ehemals verfehmten Texten nach Schilderungen und Aussagen über Jesus zu suchen, welche die eigenen Ansichten stützen. Neue Textfunde der letzten 50 Jahre scheinen zu bestätigen, daß Jesus schon früh auch anders gesehen wurde als ihn die Kirche sah. Somit erscheint es als lohnend, nach weiteren, bisher verborgenen oder unterdrückten Quellen zu suchen. Erscheinen dann neue „Funde" in der Öffentlichkeit, so sehen sie wie eine Bestätigung für das aus, was man schon vermutete - nämlich daß Jesus nicht nur der Jesus der Kirchen ist, sondern ein Esoteriker, ein Eingeweihter, ein Guru, ein Frauenfreund ... und nur allzu gern akzeptiert man diese Belege und möchte sie möglichst weit verbreitet sehen.

Sie scheinen zu beweisen, was zur Zeit theologisch aktuell ist - Jesus ist ein mündigmachender, wahrer Lehrer, der die Menschen zu einer selbstverantworteten, autonomen Moral führt und nicht in die Abhängigkeit von Dogmen, Priestern und Institutionen als Heilsmittler. Sie versprechen neues, wahres Sein, den Schritt von Existenz zu Essenz, zur wahren Ebenbildlichkeit. Sie verabschieden die scheinbar unverständliche Zweinaturenlehre und machen die Zusammengehörigkeit Jesu mit uns erkennbar, bei gleichzeitiger praktischer Nachvollziehbarkeit seines Weges durch *spürbare* Erfahrungen. Sie bringen ihn in seiner Allgemeinmenschlichkeit hin zur Welt und holen die Welt(-Religionen) in den historischen Jesus. Und vor allem machen sie Schluß mit einem grausamen erscheinenden Gott, der seinen Sohn einem Foltertod überantwortete. Damit weisen sie darauf hin, daß es sich bei diesen Themen um Anliegen handelt, welche die Kirchen und die Bibelausleger den Menschen nicht oder nicht mehr nahebringen können. Hier sind unbeantwortete und drängende Fragen vorhanden, die vielleicht gerade durch eine neue Beachtung anderer Erfahrungen mit Jesus - zum Beispiel in den Ländern Afrikas oder Asiens - bessere und befriedigendere Antworten bekommen könnten. Die *Nachfrage* nach neuen „Evangelien" ist eine dringende *Anfrage* an die Kirchen.

Bedenkt man aber, welche theologische - und nicht machtpolitische oder historische - Bedeutung das Kreuz im Zusammenhang mit der menschlichen Unvollkommenheit und Schuld hat, was es über das Geschenk Gottes aussagt, das er gratis und franko gibt, so scheint mir dies zusammen mit dem heutigen Wissen über die Essener und das Turiner Grabtuch doch die Zweifel an der inhaltlichen Richtigkeit der besprochenen Aussagen und Legenden über Jesus zu rechtfertigen. Zumal Paulus, dessen Briefe die frühesten überprüfbaren Dokumente der Christenheit darstellen, ausdrücklich die historische und theologische Wahrheit des Kreuzes *und* der Auferstehung betont (vgl. 1Kor 15), während alle esoterischen, Scheinleib- und Scheintodmotive erst später auftauchen. Sie können eher *weniger*, zumindest aber *nicht mehr* Anspruch auf Wahrheitsgehalt erheben als die Motive der neutestamentlichen Evangelien - um es einmal vorsichtig auszudrücken. Vorsichtig deswegen, weil die historische Gestalt Jesu auch in der neutestamentlich-kirchlichen Überlieferung letztlich nie ganz faßbar wird. Die Erzählungen dieser Tradition, die das Leben Jesu und seiner Umgebung betreffen, erscheinen nach heutigem historischen Wissen allerdings wirklichkeitsnäher als die der Neuapokryphen, deren Inhalt in verschiedenen Teilen als widerlegt anzusehen ist. Außerdem hat die Kirche *überprüfbare* Quellen zu ihrer Verfügung, während sich die angeblichen Dokumente der Neuapokryphen jeder Nachprüfung entziehen oder erwiesene Fiktionen bzw. Fälschungen sind. Aber auch in theologischer Hinsicht wirkt der neutestamentliche Jesus doch tiefer, umfassender und vor allem nicht so exklusiv wie der „neue Jesus". Das *Geschenk* und Opfer Gottes ist etwas ganz anderes als ein bloßer Meister mit einer Anleitung. Zumal dann, wenn das Rezept letztlich der Selbsterlösung dient und keinen Platz für Gnade läßt - die erst ein freies Leben ermöglicht. Das allgemein zugängliche Evangelium ist doch sehr verschieden von Schriften und Botschaften, die nur in eingeweihten Kreisen zirkulieren oder nur durch bestimmte Personen zugänglich sind - auch wenn sie zum Teil von „Jesus selbst" durch Medien übermittelt sein sollen. Diese Neuoffenbarungen lassen ebenfalls eine geistliche Tiefe vermissen. Sie zeigen erkennbare Einflüsse der zeitgenössischen Umgebung ihrer Medien. Religiöse Lehren wie die der Mormonen, zu denen Lorbers Weltbild eine gewisse Ähnlichkeit zeigt, wirkten auf eine ganze Reihe weiterer Neuoffenbarer bis hin zum 1977 gegründeten „Universellen Leben". Asiatische Philosophie zeitigte deutliche Einflüsse, andererseits ist auch der profane Zeitgeist zu spüren. Und der trägt mit dazu bei, daß diese Botschaften Anklang fanden und heute in großem Umfang neu aufgelegt werden.

Vielleicht muß man dies im Zusammenhang damit sehen, daß der als Esoteriker gedeutete Jesus überhaupt wenig Verbindung mit der biblisch-jüdischen Tradition hat. Der ganze Komplex der Aussagen über die menschliche Schuld und ihre Sühne, über die Rolle Jesu als Messias, über die Beziehung zwischen Gott, Mensch und dem von Gott gestifteten Frieden (= Heilszustand = Schalom), der erst im Licht der alttestamentlichen Tradition voll verständlich wird, tritt in den Hintergrund. Wichtig ist in Neuapokryphen eben *nicht* die jüdische Tradition, sondern das Geheimwissen, in das Jesus eingeweiht worden sein soll.

Vollends aus dem theologischen Rahmen fällt dieser Jesus durch das Überleben der Kreuzigung, das in einer teilweise polemischen Gegenposition zur Kirche besonders betont wird. Damit wird aber die christliche Botschaft fast in ihr Gegenteil verkehrt. Denn gerade die Hoffnung auf die Auferstehung und die Erfahrung des Auferstandenen, von der Paulus berichtet, sind Grundlagen der christlichen Hoffnung und *Freiheit* (1Kor 15,12ff). Diese werden nicht übertroffen, sondern zumindest geschmälert durch die *Bindung* an eine esoterische Erkenntnis, die zur Pflicht wird. Der ganze Komplex der Gnade und das Geschenk Gottes, das Christus selbst ist, werden durch die Lösung von der alttestamentlichen Tradition und die Bindung an ein esoterisches Geheimwissen geheimer Zirkel zunichte gemacht. Ein solcher Christus wird von Gott vielleicht erwählt, aber er ist nicht geschenkt und bleibt an Menschen und menschliche Fähigkeiten gebunden.

Damit stellt sich hier nicht die Frage, ob man die Neuapokryphen zusätzlich zur neutestamentlichen Botschaft annehmen kann oder nicht, und genausowenig geht es um ein nur unvollkommenes gegenüber einem eigentlichen, bisher unterdrückten Christentum. Sondern es stellt sich die Alternative des Glaubens an die österliche Botschaft oder an eine andere, ihrem Wesen nach nicht-christliche Lehre. Neuapokryphen und Neuoffenbarungen können - wie neue religiöse Bewegungen - nur Zeichen für ungelöste Sinnfragen der Zeit und damit für die seelsorgerliche und theologische Arbeit sein.

Damit - und das sei zum Schluß festgehalten - ist Gott nicht mundtot gemacht. Doch hielten sich auch die alttestamentlichen Propheten grundsätzlich an die Offenbarung vom Sinai. Und so müssen sich auch Neuapokryphen und Neuoffenbarungen an der biblischen Botschaft messen lassen. Es gibt genügend Beispiele von inspirierten, neuzeitlicher Propheten, welche dieses kritische Urteil nicht scheuen müssen und auch ohne Esoterik eine Tiefe und Wahrheit erkennen lassen, der die besprochenen Schriften und Lehren niemals nahekommen.

Register

2. Personenregister

125

Uriella, *23*

Venturini, K.H.G., 39; 50
Vergil, 29

Wachter, Johann G., 38

Wehrli-Frey, Mariell, 31; 32
Wittek, Gabriele, 20; 27; 105

Yuz Asaf, 51; 80

Zarathustra, 72; 73

3. Sachregister

Zur Sexualfeindlichkeit der Kirche

1992. 148 S. Kt.
ISBN 3-7867-1650-1

Die offizielle Haltung des kirchlichen Lehramtes zu Fragen der Sexualmoral ist nicht nur vielfach unverständlich, sondern ein Ärgernis, wenn man bedenkt, wieviel konkretes menschliches Leid dadurch geschaffen wird.

Das betrifft den Pflichtzölibat genauso wie die seltsame Argumentation im Hinblick auf die Empfängnisverhütung oder die Diskriminierung gleichgeschlechtlich liebender Menschen, die der gesellschaftlichen Ausgrenzung der Homosexuellen den Boden bereitet.

Der renommierte Moraltheologe Stephan Pfürtner, einst Professor für Moraltheologie in Walberberg, liefert hier eine schonungslose Analyse der Sexualfeindlichkeit der Kirche und zeigt, daß diese Haltung letztendlich mit dem Machterhalt der Institution zu tun hat. Sein Buch ist ein theologisch gut argumentierendes und leidenschaftliches Plädoyer für das Recht auf gelebte, beglückende Sexualität und für eine Vielfalt von Lebensformen.

MATTHIAS-GRÜNEWALD-VERLAG · MAINZ